第一部

「進歩しない小中華」の愚昧と悲哀

JN215583

第一章
「中華」をコピーした半島国家の歪み

朝貢国家の事大主義の伝統

本書の「まえがきに代えて」でわれわれは、北朝鮮と韓国からなる朝鮮半島全体は今でも、前近代的な体質から脱出できず、一人前の近代文明国家になり損なっている有様を見た。二つの半島国家が、揃って前近代に踏みとどまっているのは一体なぜなのか。その理由は、実は朝鮮半島の歴史そのものに内在しているため、朝鮮民族の建国史に遡《さかのぼ》ってみる必要がある。

朝鮮半島で「実在した」とされる最初の国家が誕生したのは、紀元前195年における衛氏《えいし》朝鮮の建国である。しかしそれは半島民族によってではなく、亡命してきた中国人の手によって作られた国だった。

半島民族が作った最初の国家は高句麗（紀元前37年〜668年）である。そして高句麗の成立以来、朝鮮半島の歴代王朝はずっと隣の中華帝国に朝貢を続けた。高句麗から李氏朝鮮までの半島国家は一貫して、中国皇帝を頂点とした「華夷秩序」の中の朝貢国であった。

朝鮮史上の三国時代には、半島に高句麗、新羅、百済という三つの国が並存していたが、この3カ国は競って中華王朝に朝貢した。高句麗などは、中国史上の南北朝時代（5世紀）において、南朝（宋・斉）と北朝（北魏）の対立を利用しつつ、両方に使者を送る、コウモリ外交を展開している。それも大陸の情勢変化が自らの国運を左右し、片方だけに肩入れすれば、場合によっては命取りになることをよく知っていたからだろう。

中華帝国と宗主国―朝貢国の関係になることは、「冊封《さくほう》」と呼ばれる。朝貢国（冊封国）は宗主国から王や侯に任命してもらうと同時に、毎年朝貢することや中華王朝の暦を使用することなどが義務付けられた。宗主国への義務の内容は時代によって異なるが、たとえば朝鮮半島の最後の王朝である李氏朝鮮の場合、国王の即位や立太子、そして王宮の改修までも、いちいち宗主国にお伺いを立てなくてはならなかった。

このように中華王朝の周辺国が冊封国として朝貢する宗属システムは、「天朝朝貢冊封体制」とも呼ばれる。

周辺国としては、国内における政権の正統性を中華王朝に認めてもらう目的と同時に、競争相手国を牽制《けんせい》するための軍事同盟を結ぶ狙いもあった。

実際、統一新羅は唐との連合軍により百済、高句麗を滅ぼし、朝鮮半島で初めて統一国家を成立させることができた（676年）。朝鮮史上最初の統一国家になるため、中華王朝の力に頼らざるをえなかったことで、事大（大国に仕える）主義がそれ以来、朝鮮民族の基底となった。

朝鮮の王朝が事大主義を明確に打ち出したのは、統一新羅の次の王朝、高麗朝（918～1392年）の時代である。高麗はもともと、さまざまな国に朝貢外交を展開していた。

中国では唐が滅んで五代十国という分裂時代に入っていたが、高麗はまず後梁《こうりょう》（907～23年）に朝貢し、続いて933年には後唐《こうとう》（923～36年）から冊封を受けて、自前の年号を放棄した。

その後も後晋《こうしん》（936～46年）、後漢《こうかん》（947～50年）、後周《こうしゅう》（951～60年）と、次々に冊封を受け、960年に宋が建国されると、さっそく遣使して963年に冊封を受けた。

ところが10世紀初頭から北方の異民族の勢力が拡大してくる。高麗は契丹《きったん》の圧力を受け、

996年には契丹からの冊封も受けるようになった。

そして12世紀初め、北方の女真《じょしん》族が建国した金《きん》が急速に巨大化し、ついには華北の地から宋を追い出して中華の地の北半分を支配したことで、1126年、金は高麗王の仁宗《インジョン》に対して臣属するように要求してきた。

この時、高麗の権臣である李資謙《イジャギョム》らは「以小事大」（小をもって大に事える）の礼をとることを主張した。だが、度重なる冊封と、金が夷狄《いてき》の国だったことへの反発も大きかった。僧侶の妙清《ミョチョン》は1135年に反乱を起こして「大為」という国を起こし、年号を天開とした（妙清の乱）。中華王朝の冊封国としては、宗主国への礼として「大」「天」という文字は避けてきたが、そのような文字を使うことで、事大主義と冊封体制から離脱したことを示したのである。

だが、その反乱はわずか1年ほどで鎮圧され、以後、朝鮮半島では事大主義が固定化していった。

高麗はやがて中華の征服王朝となった元の属国となり、官制も皇室にかかわる用語も、すべてモンゴル風に改められた。だが、元の力が衰えて中華の地から去ると、高麗朝も滅びて李氏朝鮮が誕生し、最初は明、明が滅びると清の冊封を受けた。

このように、朝鮮半島は高麗時代から李朝まで、まさに「事大一心」の心構えで事大主義に徹していた。

儒教の毒素に染まった朝鮮半島

上述のように、朝鮮半島の歴代王朝は中華帝国を宗主国と仰ぎ、中国に対する「事大主義」を国策の基本としていた。そしてそれに伴って、半島の歴代王朝は思想の面においても、中国の正統思想である儒教を全面的に導入して、国家的なイデオロギーに据えた。

朝鮮半島にいつから儒教が入ったかは判然としないが、前漢時代（紀元前２０６年〜8年）の中国皇帝である漢の武帝は儒教を国教化した皇帝であることから、武帝が前述の衛氏朝鮮を滅ぼして（前１０８年）朝鮮半島の一部を併合して楽浪郡などの四郡を設置した時、儒教が朝鮮半島に流入していたと考えられる。

その後、前82年に四郡のうちの臨屯《りんとん》郡の大部分は楽浪郡に編入され、真番《しんばん》郡は廃止された。そして3世紀初頭に楽浪郡は2分割されて南側は帯方《たいほう》郡となったが、後漢を滅ぼした魏がその両地域を支配したあと、３１３年に楽浪郡は高句麗に、帯方郡は5世紀前半に百済に征服された。残る玄菟《げんと》郡は位置がはっきりしないものの、高句麗に征服されたと見られている。

4世紀ごろから朝鮮半島では高句麗、百済、新羅の三国が鼎立《ていりつ》する三国時代になる。『三国史記』によれば、高句麗では327年に太学（儒教の最高学府）を建てたという記録があり、その頃には儒教がある程度定着していたようだ。

また、『日本書紀』には百済が513年に五経博士を日本に派遣したという記録がある。五経とは儒教の古典『易経《えききょう》』『書経』『詩経』『礼記《らいき》』『春秋』のことである。

朝鮮半島の東南にあった新羅は、大陸文化との接触があまりなく、高句麗が律令を頒布《はんぷ》したのが373年だったのに対して、新羅ではようやく520年に律令を頒布していることから、儒教の受容も高句麗などと比べて遅かったと考えられる（姜在彦『朝鮮儒教の二千年』講談社）。

その後、676年に統一新羅が成立すると、武力よりも文治により国を治める必要性が高まり、新領土に官吏を大量に送り込むために、「国学」という儒教大学を設置し、『孝経』や『論語』などをテキストに、官僚養成を行った（同書）。

後期新羅になると、当時の盛唐文化に憧れる貴族たちにより、尚武《しょうぶ》（武を尊ぶ）の精神

より も尚文《しょうぶん》（文を尊ぶ）の風潮が進み、自らを「君子の国」と称えるようになったという（同）。

続く高麗朝は仏教が保護され、仏教文化が花開いた時代である。仏教の朝鮮半島への流入は三国時代であり、高句麗と百済へはそれぞれ372年、384年に伝来したとされている。新羅も528年に公認されている。

その後、儒教と仏教は併存していたが、高麗の時代もそれは変わらなかった。そのため、仏教を保護しながらも、隋の時代に始まった科挙にならって、958年に科挙制度を導入し、儒教の古典によって文臣を起用するための国家試験を開始した。

これによって、世襲的な貴族ではなく、能力によって一代限りの官僚としての士大夫《したいふ》が誕生することになった。もっとも、建国の功臣である貴族階級には科挙試験がなくても官僚になれる蔭叙《おんい》制度があり、科挙制度はまだ建前上の部分もあった。

しかし中央集権化を強化するために、次第に儒教による君臣関係の構築が重視されるようになり、992年には最高学府としての国子監《こくしかん》が創設されている。

また、武よりも文が重視される風潮はますます高まり、1133年には科挙から武科が廃止された。そのために武臣の不満からクーデターが起こり、1170年から約100年間にわたり一時的な武臣政権を招いたが、この「尚文軽武」のは李氏朝鮮末期まで続くことになる。

また、科挙試験は、儒教古典をいかに精読し、理解しているかということに重点が置かれた。そのため法学や数学、医学などの実学は身分の低い者の学問として軽視され、儒学は高官の子弟だけに独占されていた。このような実学軽視も李氏朝鮮まで続き、朝鮮半島の近代化を遅らせる原因の一つとなった。

中国の科挙制度をまるごとコピーした朝鮮

ここで、科挙制度について改めて説明しょう。

科挙制度は隋王朝（581～618年）に発明された画期的な官僚選抜制度で、ペーパーテストを中心とした試験によって官僚を選抜する制度である。587年に初代皇帝文帝（楊堅《ようけん》）によって創設され、清王朝（1616～1912年）末期の1905年まで、科挙制度は約1300年の長きにわたって中国の官僚選抜制度の骨格となった。

原則的には男子であれば、誰でも受験する権利があるから、ペーパーテストでよい点数をとれば、官僚になれるチャンスがある。そうした意味では科挙制度は、開放的、実力主義の合理的な試験制度であった。

科挙制度は、前漢時代以来の「挙孝廉《きょこうれん》」との連続性があった。前漢時代、官僚を選ぶ制度において「挙孝廉」という科目を置いた。これは、「親孝行の態度」を官僚に選ぶ基準の一つにするというものだ。

中国の春秋戦国時代、思想と文化が大いに繁栄した「諸子百家」の時代があったが、儒教は「諸子百家」のなかの一家として誕生した思想である。「仁義礼智信」などの道徳の項目を重んじる一種の道徳哲学だが、そのなかでは親に対する孝行がとくに重視され、「孝」が人間社会を成り立たせる基本だとされた。

前漢の時代、「孝廉」（後の宣帝の時代に「挙孝廉」と改称）制度を創設した武帝は、「百家」の多様な思想を排斥して、儒教だけを朝廷公認の思想、すなわち王朝の「御用イデオロギー」として支配的な地位を与えた。それ以来、儒教はずっと、中国の政治を支配する思想となった。

そして隋の時代に科挙制度が確立した時、「孝行」だけでなく、儒教の思想全般が試験内容の中心的な項目となった。それ以来、中国の歴代王朝において、儒教の教典と思想を学んで深く理解していることは、官僚選抜のもっとも重要な基準になったのである。

時代がさらにくだって南宋王朝（1127～1279年）になると、儒教を再整理して体系化した朱子学が、徐々に御用学問としての地位を確立していった。そして明王朝（1368～1644年）になると、科挙試験の主な項目に、朱子学のもっとも推奨する儒教教典の「四書五経」が登場した。明とそれに続く清の時代では、この「四書五経」を十分に理解しているかどうかが、優秀な人材を官僚に選ぶ決め手になったのである。

科挙試験によって選ばれた優秀な人材は当然、絶対的主権者である皇帝に奉仕することが義務つけられ、皇帝の手足として土地と人民を支配する官僚となる。ここに出てくる「絶対的主権者としての皇帝」「皇帝の手足となって土地と人民を支配する官僚」「官僚を選抜する科挙制度」という「三点セット」は、まさに中国独特の政治システムの基本である。そして、この政治制度を正当化するためのイデオロギーとなるのは、すなわち儒教とその発展形である朱子学だった。もちろん科挙制度自体も、儒教イデオロギーを拠り所にしているのはいうまでもない。

こうした中国流の政治システムを、そのままの形でほぼ丸ごと導入し、中国よりも中国らしい国のかたちをつくり上げたのが、高麗時代以来の朝鮮半島であった。

先述したように、高麗朝時代に科挙制度が導入され、中国流の中央集権制がいっそう進んだ。

1392年に軍人の李成桂《イソンゲ》が高麗を滅ぼして李氏朝鮮を建国すると、彼の近くにいた朱子学の信奉者である新興官僚の手により、本場の中国よりもさらに完璧にして典型的な、「中国流の中央集権体制」が生み出されたのである。

李元淳、鄭在貞、徐毅植著『若者に伝えたい韓国の歴史――共同の歴史認識に向けて』（明石書店）は、李氏朝鮮の性格について以下のように記している。

「儒教王道政治を理念に掲げて建国した朝鮮は、内部では斥仏崇儒《せきぶつすうじゅ》（仏教を排斥して儒教を尊ぶ）と農本民生（農業を根幹として民の生活を安定させる）を、外に対しては事大交隣《じだいこうりん》を、という三大国策を打ち出して、国家組織の整備を急いだ。文官優位の両班官僚国家体制の確立をめざし、科挙制度を強化して有能な人材の登用に力をつくした」

国家的イデオロギーとしての儒教のもと、官僚と科挙が朝鮮の政治体制の骨格を成す中心的な要素となっていたのだ。ちなみに朝鮮の場合、科挙に合格して官僚になった人々とその家系を「両班《ヤンバン》」あるいは「両班階層」と呼ぶ。

もちろん、朝鮮は前述したように事大主義であり、中華王朝に対して臣下としての礼を取っていた。だが、国内においては朝鮮国王は中国皇帝と同様、唯一の主権者として独裁的権力を保持していた。

滋賀県立大学教授の田中俊明氏の編による『朝鮮の歴史――先史から現代』(昭和堂)には、李氏朝鮮の国家制度の仕組みについて、こう記されている。

「中央政治機構としてはまず、領議政・左議政・右議政の三人の宰相を頂点とする議政府が百官と政務全般を統轄し、六曹《ユクチョ》はその政務を分掌した。王命を取り次ぐのは承政院《スジョンウォン》であり、国王の秘書機関として重要な役割を果たした」

同書によれば、「六曹」とは、文官の人事を担当する吏曹《イジョ》、また戸籍、土地、財政を担当する戸曹《ホジョ》、さらには刑罰、訴訟を担当する刑曹《ヒョンジョ》などの六つの中央官庁である。これは中国唐王朝の吏部、戸部、刑部などの「六部体制」とそっくりなのだ。

そして朝鮮の場合の「承政院」は、唐王朝の中書省と同様、皇帝の秘書機関としての役割を果たしているから、李氏朝鮮の中央官制が唐王朝のそれの忠実なコピーであることは、一目瞭然である。

同書によれば、地方統治の面では、地方政治機構は、全国を京畿・慶尚などの八つの「道」に分け、その下に邑《ゆう》(郡県の総称)として府、牧、郡、県を置いたという。各道には地方長官の観察使が、地方の邑には守令(郡守・県令など)が中央から派遣された。これらの地方官には行政・司法の権限が与えられたが、不正防止のため、自己の出身地には派遣されず、任期にも制限があったという。

こうした地方統治の仕組みも、全国を道、州、県という三段階の行政区に分け、中央政府から派遣された按察使《あんさつし》、刺史《しし》、県令などの官僚が統治に当たった唐王朝のそれとほぼ同じである。もちろん本場の中国でも、官僚が出身地の地方官に任命されないことや、任期の制限などが原則だ。

こうして李氏朝鮮の政治体制をみると、国王が唯一の主権者として全国の土地と人民を支配し、官僚が国王の手足として土地と人民の統治に当たるという国王専制の中央集権政治が、中国の政治体制のそのままの移植であることがわかる。もちろん、官僚の選抜制度も中国の科挙と同じであり、科挙試験の中心項目となるのは、儒教であり、朱子学だ。

進歩を妨げる朱子学の害毒

李氏朝鮮は、朱子学を国学として中心教義に据え、本場の中国よりも熱心な儒教崇拝者であり、朱子学の理念を厳格に守っていた。田中俊明氏の前掲書によると、李氏朝鮮が建設した新しい首都の漢城（現在のソウル）の都市設計すら、儒教の古典である『周礼』の都市プランに基づいたものであったという。

李氏朝鮮の開設した儒教教育の最高学府である「成均館《ソンギュングァン》」では、孔子以下の儒教の「四聖・十哲」と呼ばれる聖人・先賢を祀《まつ》る文廟までが設置され、毎年の春と秋には、国王が自ら祭主を務める国家的祭祀が執り行なわれた。

朱子学は南宋の時代に朱熹《しゅき》が儒学を新たに体系化しなおしたもので、新儒学ともいわれるものである。

朱子学では儒教の「三綱五倫」（臣の君に対する忠、子の親に対する孝、妻の夫に対する烈の三綱と、孝行、忠誠、夫婦の役割、長幼の序、友への信義の五倫）を絶対とし、儒教だけが尊く、仏教など他の教義はすべて邪道だとする、極めて排他性の強い教義である。

そのため、李氏朝鮮では「斥仏崇儒」（儒教を敬い、仏教を廃する）が行われ、高麗朝まで多くあった寺院は次々と破壊されていった。

中国の歴代王朝は儒教に国家的イデオロギーとして高い地位を与えたが、そのために「仏教の排斥」を国策として定めたことは滅多にない。

それに対し、李氏朝鮮は「斥仏崇儒」を三大国策の一つとして実行するほど儒教を崇拝していたのだ。

そして儒教独尊は、その本家の中華である明への強い憧れにもつながった。

高麗末期から李氏朝鮮初期にかけて、夷狄であるモンゴル人の元から漢民族の明への王朝交替（易姓革命）があったが、李氏朝鮮の朱子学は、もちろん反元親明で、徹底的に明を尊崇した。

そのため、1446年に第4代国王の世宗《セジョン》が、ハングル（訓民正音）という独自の文字を創出したが、中華の漢字を尊んでいた両班（官僚）からは大反対が起こった。

学者の崔万理《チェマルリ》などは、次のように反対して上疏《じょうそ》したという（以下、姜在彦氏の前掲書）。


第一には、わが王朝は祖宗以来、誠意をもって事大の礼をとり、華制を遵守してきたのに、「事大慕華」にとって恥ずかしいことである。

第二には、昔から九州（太古の昔、中国を九つの州に分けていた）のうちで、たとえ風土は異なっても、方言に因って別に文字をつくったことはない。ただ蒙古、西夏《せいか》、女真、日本、西蕃《せいばん》にはそれぞれの文字があるが、夷狄だから語るに足らない。

かつて中華（夏）を用いて夷狄を変えたとはいっても、夷狄をもって中華を変えたとは、聞いたことがない。いま別に諺文《オンムン》をつくることは、朝鮮が中華を捨てて夷狄と同じくなることである。

第三には、新羅時代に薛聡《ソルチョン》が作った吏読《イドゥ》は、たとえ卑しい俚言ではあっても中国にも通用する漢字を用いた。もし諺文を施行すれば胥吏《しょり》（官庁の下級書記）たちは諺文を専習して、難解な漢文による学問をかえりみなくなるだろう。

旧をきらい新をよろこぶのは、古今を通じての患であるが、この諺文も新奇の一芸にすぎない。学問には損があり、政治には益するところがない。（『世宗実録』世宗26年2月条）

日本は8〜9世紀ごろに仮名をつくり、それにより10世紀には仮名文学などをはじめとする国風文化が花開いたが、あくまで中華を遵奉《じゅんぽう》する朝鮮には国風というものはなく、すべてが「華風」であった。

このような両班階級の反対により、ハングルは婦女子の文字として蔑視されて、ほとんど普及しなかった。ハングルが普及するのは、日韓併合後の日本の教育政策により、漢字ハングル混じり文が使用されるようになってからである。

両班階級は、難解な漢字を使用することで、大多数の非識字層の上に立ち、特権階級としての地位を守り続けてきたのである。そのため、日韓併合時の朝鮮半島の識字率は6％前後だったと見られている。

江戸時代の日本が寺子屋教育により、高い識字率であったことはよく言われることである。19世紀中期の江戸での寺子屋への就学率は80％と言われており（石川英輔『大江戸生活事情』講談社）、幕末に日本を訪れた外国人も、庶民が文字を読めることに驚いている。

こうした識字率の高さが江戸の庶民文化を開花させ、また、明治維新後の近代化を可能にした一つの要因だったと考えられるが、上記のようないわば「愚民政策」を続けてきた李氏朝鮮では、近代化は望むべくもなかった。

戦後の韓国では一転して漢字が廃止され、ハングル表記だけに統一された。しかし、それまで多用していた漢字用語をハングルで表記したことで、同音異義語が増えて、意味があやふやになってしまったという（姜在彦氏の前掲書）。

中国の属国時代、あるいは日本統治時代を否定するあまり、かえって退化してしまうという現象は、戦後の韓国ではよく見られることである。

朝鮮はこうして「小中華」となった

話を再び朝鮮王朝に戻そう。これほど明を尊崇していた李氏朝鮮だが、1644年には明が滅んで女真族の清への王朝交替が起こる。中華と夷狄が入れ替わる、いわゆる「華夷変態」である。

これにより李氏朝鮮では尊明排清の思想が高揚し、北伐論（清征伐論）まで持ち上がった。だが、清による二度にわたる朝鮮侵攻（丁卯胡乱《ていぼうこらん》、丙子胡乱《へいし》）を受けてあえなく降参し、清に服属することを誓わされた。

ところが李氏朝鮮の儒者たちは、むしろ中華文明の伝統は夷狄の清によって地に堕ちたため、中華の正統は朝鮮だけになったと考えるようになり、朝鮮は清以上に、自国以外のすべての世界を夷狄視するようになった。自分たちこそが世界一だと自惚《うぬぼ》れたわけである。

いわば「負けているのに精神的には勝った」と自ら思い込んだわけであるが、それは中国の文豪・魯迅が批判した阿Q精神（精神的勝利法）にそっくりでもある。

現在の韓国では、「桜も剣道も寿司も韓国が起源である」といった韓国起源説がよく唱えられるが、事大主義を続け、大国の属国になり続けてきた劣等感の裏返しだという声もよく聞かれる。

それはともかく、李氏朝鮮における朱子学独尊主義は異常なほどであった。後述するが、16代国王の仁祖《インジョ》などは、清に人質として送った世子（王子）が、キリスト教宣教師がもたらした西洋の学問に触れて外国かぶれになって帰国してきたため、この王子を毒殺している。儒教の倫理からして、許せないことだったからだ。王子は地球儀を仁祖に披露したというが、中華こそ世界の中心であるという華夷秩序からすると、地球儀はそれを否定するものだった。

1876（明治9）年4月、金綺秀《キムギス》を正使とする修信使一行が訪日した際、日本政府の文部大丞《だいじょう》・九鬼隆一と会談した際、九鬼から朱子学以外に尊ぶ学問があるかと聞かれ、次のように答えている（姜在彦氏の前掲書）。

「我が国の学問は、五〇〇年来ただ朱子あることを知るのみ。朱子に背く者はただちに乱賊をもって之を誅し、科挙に応ずる文字に至るまで仏氏や老子の語を用いる者は、遠地に追放して許さない。国法がきわめて厳しいから、上下貴賤にとってただ朱子あるのみ」（金綺秀『日東記游』巻二）

李氏朝鮮末期には、明治維新後の日本を含め、列強や新興勢力が朝鮮に開国を迫った。だが、朝鮮は外国をひたすら夷狄視し、「衛正斥邪《えいせいせきじゃ》」の思想のもと徹底的な排外主義を行った。衛正斥邪とは、「正しきを守り、邪道を排斥する」ということだが、守るべき正しいものは、中華の正統であり朱子学であり、それ以外の西洋文明などはすべて邪道だとされた。

日本も幕末に尊皇攘夷で排外主義が高じた時期があったが、日本は天皇を中心とした国体を守るための攘夷であるのに対して、朝鮮のそれは「尊華攘夷」ともいわれ、守るのは中華の精髄であって、国がどうなろうと関係なかった。

衛正斥邪論を唱えて攘夷を主張した李朝末期の朱子学者・李恒老《イハンノ》も、「国の存亡は二の次だ」と述べている。

このように、あくまで朱子学を独尊して他の思想を寄せ付けない姿勢も、後述する甲申《こうしん》政変など、いくら改革・近代化を目指す動きがあっても、ことごとく潰される大きな要因となった。これで朝鮮半島は、時代の流れから大きく取り残されて、「進歩しない民族」と「進歩しない国家」のサンプルのようなものとなった。

第二章

自力で近代化できない朝鮮王朝の病巣

中国と同様の「一元化権力構造」

第一章で論述したように、朝鮮王朝が自ら「小中華」となって朱子学や科挙制度などの中国思想と制度を全面的に受け入れ、それに「中毒」した結果、自国の文化と文明の進歩と近代化が大いに妨げられたことは明確だが、実は、李氏朝鮮が中国から導入したものの中に、とりわけ朝鮮半島の近代化を徹底的に阻害した政治体制があった。すなわち、中国流の皇帝専制・中央集権制における「一元化した権力構造」である。

「一元化した権力構造」とは何か。中世以来の西欧世界や鎌倉時代以来の日本の政治システムと比べれば、それは一目瞭然である。

中世の西欧世界の場合には、各国の王権という世俗権力に対し、地域の大半に権力を及ぼすキリスト教会の教皇権があり、両者が並立しながら別々の支配のシステムをつくりあげていた。その一方で、フランス王国や神聖ローマ帝国（ドイツ）などの王国の中では、王権とは別に自らの領地をもつ封建領主（騎士）がいて、国王に服従しながらも貴族としてそれなりの独立性を保っていた。

また、日本の場合も鎌倉時代以降は、最高祭司として神聖性を保つ天皇家と、権力としての幕府が併存し、将軍以下の武士たちは天皇から任命され、朝廷からの官位を授かることになっていた一方で、実権は彼ら武士が握った。

つまり西欧も日本も、「二元化権力構造」であったのだ。

しかし、それと前述の中国や朝鮮の皇帝・国王専制の中央集権制はまったく違う。皇帝支配下の中国では、一部の王朝において皇室の子弟が地方で領地をもつなどの例外を除き、基本的に封建領主という存在はなく、すべての土地は皇帝の直接支配下にあった。李氏朝鮮の場合はさらに徹底されていて、国王以外の王族による領地の領有はいっさいなかった。

そして両者の場合、西欧の封建領主に代わって各地方の統治に当たるのは官僚だが、彼ら官僚は皇帝に対して独立性を保つような貴族ではなく、まさに皇帝の手足となって、使用人として皇帝のために働いているのである。

つまり、皇帝・国王と官僚による政治支配は、みごとに一元化した支配体制であり、「皇帝・国王独裁体制」ともいうべきものなのだ。

その一方、皇帝支配の中国と国王支配の朝鮮において、皇帝あるいは国王の権威・権力と並立し、あるいは皇帝・国王の権威や権力を凌駕《りょうが》するような「教皇権」なるものは、はじめから存在しなかった。

中国の歴史上、元を倒して明という漢民族の王朝が復活するきっかけとなった農民の反乱「紅巾《こうきん》の乱」など、宗教組織の爆発的な反乱などはあっても、西欧のキリスト教会のような、政治権力以外のところで独自の勢力と組織をもつ宗教組織が恒常的に支配権を行使している状態が出現したことはない。もちろん朝鮮もしかりである。

中国と李氏朝鮮における最大の「宗教」といえるものは儒教だが、皇帝・国王によって「御用宗教」にされた儒教は、皇帝・国王の権力を正当化するためのイデオロギーであった。

そして儒教の世界においては、絶対的権力者である皇帝はまさに神格化された「天子」だから、皇帝の権力はそのまま、中国における「教皇権」となる。もちろん李氏朝鮮においても、権力構造においてだけでなく、イデオロギー面においても、国王こそが絶対的存在となった。

要するに、世俗権力と教皇権・権威が分離された西欧や日本の「二元化権力構造」に対し、中国・朝鮮の権力構造とは「政教一体」、すなわち宗教と政治権力が一体化した皇帝・国王中心の「一元化権力構造」なのである。

そして、まさにこのような権力構造の根本的な相違から、産業化・近代化における西欧世界・日本と中国・朝鮮との宿命的な違いが生じてきた。

産業化・近代化発生の四つの条件

政治権力の構造の相違から生じた、西欧・日本と、中国・朝鮮との産業化・近代化における「宿命的な違い」とは何か。それを説明するにはまず、「産業化・近代化」とは何か、それがどのような条件下で起こってくるのかを、簡単に解説しておく必要がある。

産業化とは通常、石炭や石油などのエネルギー資源と機械の一般的な使用による、伝統農業から近代産業への生産様式の革命的変化を指している。たとえば近代産業の発祥の地であるイギリスでは、18世紀後半、新興の綿工業がミュール紡績機と石炭を燃料とする蒸気機関を導入したことで、その生産高は1770年から1815年までに2200%に増えた。45年間で生産高が22倍以上に増えるとは、伝統的農業生産では夢にも考えられない驚異的な生産力の増大である。それはまさに「産業革命」と呼ばれる革命的な変化であった。

生産様式の革命的な変化にしたがって、経済、社会の仕組みや政治制度、人々の考えも大きく変化していく。政治制度がより民主的なものとなり、人々は中世以来の封建社会の縛りから解放され、個人の独立と自由を重んじるような生活様式を求めていく。産業革命から始まったこの一連の経済・政治・社会の変化と人々の価値観の変化の全体が、すなわち「近代化」というものである。

そして前述のイギリス綿工業の例でも示されているように、後になって世界全体を席巻《せっけん》した産業化・近代化の大波はやはり、イギリスを中心とした16世紀、17世紀以来の西欧世界をその起源の地としている。

産業化・近代化が西欧世界を発祥の地として起こったのは当然、ルネッサンス以来の西欧世界において、それが起こってくるための条件が揃っていたからである。

条件の一つはすなわち、自然にたいする好奇心から発するところの、自然への実証的考察と論理的思考などからなる「科学の精神」の芽生えと発達である。本書ではそれを「産業化・近代化発生の条件①」と呼ぶ。「科学の精神」の発達こそ、産業革命に必要な近代技術を生み出す土壌となる。

第二に、「科学の精神」と「近代技術」を生み出していくためには、独立した自由知識人層の分厚い存在（産業化・近代化発生の条件②）が必要である。こうした人々こそが「科学の精神」の担い手となって、近代技術と発明を生み出す「生みの親」である。

第三に、近代技術と発明を生産活動に応用して、近代産業を作り出すための資本とノウハウを蓄積したブルジョアジーの存在（産業化・近代化発生の条件③）もまた、産業化・近代化が発生してくるための大前提の一つである。ブルジョアジー層の存在と活躍なくして、経済領域における現実の動きとしての産業化は起こり得なかったし、彼らの存在は同時に、②の「独立した自由知識人層の分厚い存在」という産業化の前提条件を生み出す要因の一つとなっている。

以上の①、②、③という三つの条件を生み出す深層にある歴史的要因として、本章で論じた西欧世界独特の二元化した権力構造と、そこから生み出された自治都市の存在があるのである（産業化・近代化発生の条件④）。

前述のように、中国・朝鮮の一元化した権力構造とは違って、西欧世界全体における王権と教皇権の並立、各王国内部における王権と領主権の並立という二つの二元化権力構造が西欧世界の現実であったが、こうした二元化した権力構造の隙間において、教皇権と王権の対立、あるいは王権と領主権の対立をうまく利用して、自らの独立性を保つような勢力がいつしか生まれてくる。その最たるものの一つが、西欧世界に遍在した「自治都市」である。11世紀ごろから、各国の国王は教皇権と対抗するため、あるいは国内の各領主の勢力を抑えこむために、商人たちの支配する商業都市の経済力に目を付け、その経済援助を取り付けるのと引き替えに、都市に自治権を与えた。

自治都市を牛耳っているのは、商人と手工業者たちである。彼らは各都市で商人ギルドや手工業の同職ギルドを形成し、合議制によって市政を運営し、都市の独立と繁栄を守っていく。

そして自治都市に生きるブルジョアジーは、政治的に誰からの支配も受けることなく、キリスト教の教皇権とも一定の距離を置いた。経済的には完全に自立した階級でもある。そして彼らの庇護下で哲学者や学者、詩人や芸術家などが集まり、あるいは独立したブルジョアジーからもそうした人々が輩出したのである。近代科学を生み出すための土壌となる「独立精神をもった自由人としての知識人層」が、こうして西欧の世界で誕生したのだ。二元化した権力構造から生み出された自治都市とブルジョアジーの存在は、その前提条件となったわけである。

このように、西欧世界の二元化した権力構造の隙間から生まれた自治都市とブルジョアジーという二つの世界史上の特異な存在は、「科学の精神」誕生の条件を整えた一方、この科学の精神の担い手となって新しい時代を切り開く、独立した自由知識人層の分厚い存在を用意することも出来た。産業化という生産様式の変化が起きてくる二つの前提条件がこうして揃ったわけだから、産業革命はまさに西欧世界で、起こるべくして起こったわけである。

以上、西欧のケースを例にして、①から④までの「産業化＝近代化」が起きるための前提条件、あるいは要因を羅列したが、勿論それはあくまでも、西欧の世界において近代化が「自然発生」的に起きてくる場合の諸要因である。西欧以外の世界の諸国が、西欧の真似をして自ら近代化を図る場合、「後発の利点」をいかして、西欧の近代化モデルをそのまま自国に持ち込むことが出来るから、近代化に成功するのに必ずしも上述の「四条件」すべてを揃えなければならないわけではない。

しかしその際、後進諸国においては、西欧の近代化を正しく評価し、虚心坦懐《きょしんたんかい》に学ぶことが出来るかどうかが、最大の問題になる。特に本書がこれから議論を進めていくアジア世界においては、西欧文明あるいは西欧の近代化とどう向き合うか、というその向き合い方自体が、各国の運命の明暗を分ける決定的な要因となっていくのである。

従ってここで、西欧以外の世界における近代化成功の必須条件として、⑤西欧の近代文明を虚心坦懐に受け入れる用意がある、を挙げておくのである。

ちなみに日本の場合、たとえば江戸時代の幕藩体制における天皇家と徳川家との関係は、西欧の教皇対国王との関係と類似しており、幕府と各藩との関係はまた、西欧の国王と貴族としての騎士との関係と類似している。つまり江戸時代の日本は、中世以来の西欧世界と形式上、よく似た「二元化した権力構造」だったのである。

このような権力構造下において、江戸時代の日本には、江戸や大坂などで、町人の自治による独立性の高い町人社会が生まれ、自立した経済基盤を持った商家が存在していた。そして伊藤仁斎《じんさい》や石田梅岩《ばいがん》のような、いかなる政治権力にも依存しない自由な知識人がいて、蘭学から和算までの学問の発達があり、西欧世界で産業化・近代化が発生するための「四つの条件」がすでに揃いつつあったのである。

そのまま行けばおそらく、幕末の黒船来航がなくても、日本国内からいずれ自然発生的な産業化・近代化が起こってきただろうが、黒船来航から明治維新、そして文明開化までの一連の流れは、結果的に日本の近代化を急ピッチで早めたのかもしれない。いずれにしても、アジアで真っ先に近代文明国家となった日本は、近代以前の社会構造が西欧と類似していたために、まさに近代国家になるべくしてなったともいえる。

しかし同じアジア国家の中国と朝鮮は、そうはいかなかったのである。

腐敗と収奪を生む中国・朝鮮の政治構造

前節で、産業化・近代化が西欧世界から発生した際の四条件を概括的に見た。江戸時代の日本においても、この四つの条件が揃いつつあったことも分かった。そして、その四条件のうち、もっとも根本的な条件となっていたのが、西欧世界と日本に共通する「二元化した権力構造」であることも確認できた。

それに対して、近代以前の中国と朝鮮に欠如していたのが、まさにこのような「二元化した権力構造」だったのである。

中国と朝鮮の場合、皇帝あるいは国王が唯一の主権者として絶対的な権力をもち、官僚がその手足として人民への支配を行使する政治システムが、早くから定着したことは前述の通りであるが、このような政治システムこそ、「二元化した権力構造」とは正反対の「一元化権力構造」なのである。そして、まさに中華世界の「一元化した権力構造」こそ、中国と朝鮮の地で産業化・近代化が生起することを阻害する、最大の要素となっていたのだった。

一元化した権力構造が産業化・近代化の発生を阻止していた理由の一つは、このような権力構造から生じてくる官僚（朝鮮の場合は両班）たちの汚職・腐敗である。

中国と朝鮮の歴史を繙《ひもと》けば、目を覆いたくなるほどの官僚たちの汚職・腐敗の蔓延が「正常状態」となっていることが分かる。中国では昔から「無官不貪（汚職しない官僚はいない）」というのが一般常識だが、朝鮮の場合、「両班」といえば、それはすなわち「堕落・腐敗」の代名詞なのだ。

中国史上、汚職金額の「王者」として知られる者に、清王朝の第6代皇帝、乾隆帝《けんりゅうてい》時代、数十年間にわたって政治を壟断《ろうだん》（利益を独占すること）した和珅《ヘシエン》という寵臣がいる。増井経夫著『中国の歴史第7巻　清帝国』（講談社）によると、乾隆帝の死去により和珅は失脚したが、没収された全財産は銀10億両に上り、それは当時の清王朝の国家収入の十数年分だったという。

それほどの賄賂を手にすることができたのは、官僚機構の各ポストの任命権を握っていたからだ。誰をどのようなポストに推薦するのかは、和珅の胸一つで決まってしまうから、ポストにつきたい官僚たち、とくに利権の大きなポストに収まりたい官僚たちは、競って和珅に賄賂を贈った。

科挙制度のもと、科挙試験に合格することは官僚になる前提だが、試験に合格すれば自動的に官僚機構のポストにつけるわけではない。ポストは増えないが、数年ごとに実施される科挙により、合格者は続々と輩出される。だから、ポストを手に入れるための競争は激しい。いいポストにつくには、まずは人事担当部門である「吏部」の長に、そして吏部の長の上司である宰相に、相当額の賄賂を贈るのが普通であった。もちろん吏部の長自身も、昇進や留任するためには宰相に賄賂を贈る必要があった。

万事がこうであるから、数十年間にわたって莫大なカネが宰相の和珅に吸い上げられた結果、あれほどの財産が出来上がったわけだが、問題は、下の官僚たちが一体どこから贈賄のための大金を捻出するのかである。

その際、資産家の家に生まれた者は自家の財産を切り崩して賄賂資金をつくる場合もあれば、財産のない者たちは借金して工面する場合もあろう。しかしいずれにしても、多額の賄賂を贈って念願のポストを手に入れ、中央官庁のなにがしかの長となったり、地方官に任命されて刺史や県令（清王朝の場合は総督や知事）となったりすると、官僚たちは当然、それまで「投資」として贈った分を取り戻すため、あるいは自分自身も一財産を築くために、その任命された中央官庁や地方でのポストを利用して賄賂を取ったり、収奪したりするのである。

その場合、たとえば地方においては、より大きな行政区である州や省の長である刺史や総督などの高官は、その管轄下の県令や知事から賄賂を取ることが多いが、官僚機構の末端の県令や知事となると、その下がいないから、結局は民間から収奪する以外にない。

問題は民間の誰から収奪するかだが、その際、農民や一般庶民たちから収奪するのは、けっこう難しい。農民や手工業者などの庶民は国家に税を納める義務はあるが、国家税収そのものはさすがに地方官の懐《ふところ》に入ることはないし、税率は国家が一律に定めているから、地方官がそれを勝手に引き上げることは当然、できない。

そうなると、地方官たちの収奪の対象は自ずと、各地方の資産家や大富豪、とくに財を成している商人たちに絞られる。

奪われる民間の富と潰された産業化の芽生え

中国・朝鮮に独特の一元化権力構造では、権力はすべて官僚たちが独占し、民間の商人・資産家たちはお金があってもいっさいの権力もなければ、いかなる権力からの保護も受けていない。彼らは結局、地方官たちに好き放題に収奪される「まないたの鯉」となるのである。

地方官たちの任地の商人や資産家に対する収奪は、通常の国家の税収システムとは無関係なところで実行される。権力を笠に着て商人や資産家たちに対する「上納金」や「募金」の強制はもちろん、地方官のよく使う手は、司法権を乱用して商人たちを無実の罪に陥れ、その財産を没収する方法である。この方法がもっとも乱暴ながら、もっとも有効なのだ。中国の政治システムでは、各地方において中央から派遣された地方官はそのまま「警察長官」「検事長」「裁判長」の三役を一身に負っているから、一人の商人に冤罪《えんざい》を被らせるなどは、朝飯前である。

しかも地方長官たちの任期はたいてい数年という短期間だから、その間にできるだけ多くのカネを集めるなら、こうした即効性のある方法を使わない手はない。そして、彼らは一様に自分の出身地以外の地方で任官することになっているから、任地でどんな悪辣《あくらつ》なことをやっても地元の評判を気にすることはない。任期が終わってカネさえ手に入れれば、意気揚々と中央に帰任できる。もちろん、次にやってくる新任の地方官も、前任と同じことをやるに決まっている。

このようにして、中国では唐王朝から清王朝まで、あるいは朝鮮半島の王朝でも、それぞれの王朝の下で長きにわたって「構造的な収奪」が繰り返された結果、何が起きたか。富が中央を頂点とする官僚と官僚機構に吸い上げられていくばかりで、民間にはほとんど蓄積されなかったのだ。

前述の和坤の例からも分かるように、官僚の頂点に立つ一人の人間に国家収入の十数年分の富が集まったなら、その一方で民間には富がほとんど残らないことも分かるだろう。官僚のトップとなる一人の人間にこれほどのカネが収奪されているなら、官僚層全体の収奪分はさらに多いはずである。

現在の日本に置き換えてみても、もし時の総理大臣に700兆円の「賄賂金」が集まり、そして日本中の官僚たちもそれなりの収奪を行っていたなら、おそらくこの日本中の企業という企業、個人という個人には、一文の留保や貯蓄も残されていないのではないか。

もちろん今の日本ではこのようなことは不可能であり、過去の日本もそうではなかったが、近代以前の中国では、それがむしろ「社会の現実」だったのである。そして中国と同じような政治システムを作り上げた李氏朝鮮の場合も同様だった。

中国の歴史書を繙けば、商人や資産家に対する残酷な収奪の実例を目にすることができるが、実は当時の中国を訪れた外国人、特に西洋の人々も、こうした中国独特の現象に注目していた。

たとえば明王朝の末期に中国にやってきたイエズス会のイタリア人宣教師であるマテオ・リッチは、後に著した『中国キリスト教布教史』（岩波書店）の中でこう記している。

官吏が憎悪や金銭のために、あるいは友人に頼まれて、こういう不正（著者注・収奪）を働くので、チーナ（著者注・チャイナ）では誰もが自分の財産を保つことができず、いつも中傷によって自分の財産がみな奪われてしまうのではないかと怯えて暮らしている。

リッチの中国滞在は28年にもわたり、中国各地を歩いた実績もあるから、上述の記述はまさに当時の中国において、官僚たちの収奪に泣いた商人たちの悲惨な状況の証言だが、実は、李氏朝鮮についても、似たような外国人の証言がある。

李氏朝鮮時代の末期、朝鮮に滞在したフランス人宣教師のクロード・シャルル・ダレは、その著書『朝鮮教会史』（邦題『朝鮮事情』平凡社）の中でこう記述する。

朝鮮の両班は、いたるところで、まるで支配者か暴君のごとく振る舞っている。大両班は、金がなくなると、使者をおくって商人や農民を捕えさせる。その者が手際よく金を出せば釈放されるが、出さない場合は、両班の家に連行されて投獄され、食物も与えられず、両班が要求する額を支払うまで鞭打たれる。

この記述からも、李氏朝鮮でも両班という官僚層が商人などに対し、無法にして恣《し》意《い》的な収奪をほぼ日常的に行っていることが分かる。「大小中華」の中国と朝鮮、官僚たちの悪辣さと、彼らの民間に対する収奪の構造はまったく同じなのだ。

民間に対する官僚層の収奪がこれほど徹底すると、しかもこのような状況が恒常化して長期にわたると、近代以前の中国と朝鮮で、民間における財産の蓄積がほぼ不可能になるのは当たり前である。西欧世界のような中世以来のブルジョアジー層の発展は不可能ということだ。

前節で筆者は、近代産業を作り出すための資本とノウハウをもつ資本家階層の存在こそが、産業化・近代化が西欧の世界で起こる前提条件の一つだったと述べたが、こうした階層が近代以前の中国と朝鮮で生まれることはあり得なかったのだ。いわゆるブルジョアジー層が生まれてくる前の準備段階で、あるいはそれが生まれてくる前の萌芽《ほうが》の状態において、それらを中国と朝鮮の官僚制度と官僚層が徹底的に「殺して」しまったからである。

だからこそ、中国と朝鮮の両方において、近代産業が自然発生的に起きてくることは不可能だったが、中国の場合、たとえば増井経夫著・前掲書は、「商業資本の蓄積」がなく、資本主義と市民革命を生み出せなかった理由について、こう述べている。

国家組織の綱の目をなしている官僚が、その綱ですくい取ろうとしたものは、綱の目を洩れるような零細なものでなく、暴動の火の手を上げるような集団やなにかを動かそうとするような、富の蓄積であったからである。古くは製鉄・製塩・近くは貿易業・絹織業など、規模が大きくなればかならず誅求を受けて崩壊してしまうのだった。（中略）官僚を手足としている国家そのものの構造が、商業資本の巨大化やその活発な動きと相容れなかったものといえるようである。

朝鮮の場合、韓国人学者の崔基鎬《チェギホ》氏の著した『韓国　堕落の2000年史』（祥伝社黄金文庫）は、こう記している。

李朝では中央から地方へ派遣された役人が、短い期間中に自分の懐《ふとこ》ろをできるだけ肥《こ》やすことばかり考えて、民衆を徹底的に収奪した。だから経済が停滞し疲弊するほかなかった。資本が蓄積されることはなかった。

まさに官僚たちの無軌道な収奪により、近代以前の中国と朝鮮との両方では民間に富の蓄積がなく、近代産業の生みの親となるブルジョアジー層が育つのが不可能だった。それは、本章で論じてきた、産業化・近代化が起きてくる条件の一つである、条件③「ブルジョアジー層の成長」が欠如していた、ということである。

そして中国・朝鮮でブルジョアジーが育たなかったことは、産業化・近代化の前提である条件①「科学の精神」と条件②「独立した自由知識人層の分厚い存在」にも影響を与え、条件がなかなか揃わなかった。

結論的に言えば、李氏朝鮮が中国の政治制度を丸ごと導入して中国流の「一元化した権力構造」をそのまま移植した結果、朝鮮半島から産業化・近代化が起こってくる重要条件が最初から「除去」されてしまい、朝鮮は近代化の流れから取り残される運命にあったのである。

「知識人すなわち官僚」の弊害

ここまで、産業化・近代化が起きてくるのに必要な条件である「ブルジョアジー層の成長」が、中国と朝鮮の両方で生まれなかった理由を探った。実は、この同じ理由によって、産業化・近代化のもう一つの前提条件、すなわち条件②の「独立した自由知識人層の分厚い存在」もやはり、揃わないのである。

世界史的にみても、近代以前の世界では、経済的・政治的に自立して一定の勢力をもつ自治都市とブルジョアジー層が存在しなければ、この階層をよりどころにした自由知識人層は存立しにくい。自治都市という自由な生活空間とブルジョアジー層からの支持や支援がなければ、あるいは自らこの階層の出身者でなければ、知識人は、教会などの宗教組織や国王や領主などの政治権力に依存するしかない。そうすると当然、思考と学問の自由を手に入れることもできない。

近代以前の中国と朝鮮で、自治都市という存在はあり得ない。そして前述のように、官僚たちの無軌道な収奪により、経済的に自立したブルジョアジー層も生まれてこない。こうした世界では、個別の例外を除けば、一つの階層としての分厚い自由知識人層は存立し得ないのである。

それでは、中国と朝鮮の世界における知識人層とは、一体どういう存在なのか。その階層の人々のほとんどは、先に述べた科挙試験を受験し、官僚となって出世する道を歩むのだ。

中世以来の西欧世界の「二元的権力構造」と違って、あるいは三権分立・多元化の現代社会とはさらに違って、中国・朝鮮の「一元的権力構造」では、皇帝・国王を中心とした政治権力がこの世における唯一の権力であり、皇帝・国王とその手足としての官僚がこの世の名誉と地位のすべてを独占していた。官僚になれば、収奪を行うことで富はほぼ自動的に入ってくるから、その地位に到達することが、名誉と富を手に入れるための「最善」の道となる。商人となって億万の富を築いても、官僚の手にかかれば一夜にしてすべてを失ってしまうが、官僚は皇帝からの信任さえ得ていれば、その地位と名誉と富を脅かす存在はどこにもない。そうなると、上昇志向の若者は、誰もが官僚になりたくて仕方がない。

そして、ここが非常に重要なポイントだが、中国と朝鮮の科挙制度は例外を除き、基本的には多くの人々（男性）に開放されている。つまり勉強して科挙試験に合格さえすれば、官僚になる道が開かれているのである。

この点は本来、科挙制度のもっとも合理的で優れた点だが、残念ながらその結果、一つの重要な社会現象が発生してしまった。官僚にさえなれば名誉と地位と富を確実に獲得できるのだから、そして努力して科挙試験に合格すれば官僚になれるのだから、優秀で将来有望な青年たちはほぼ例外なく、科挙受験を受けて官僚になる道を目指すのだ。

清王朝の時代、3年ごとに行われる科挙試験の第一の関門である地方の郷試では、一度の試験に全国で十数万人以上の若者たちが受験したというから、当時の人口比率からすれば、その年齢帯の「知識青年」のほとんどすべてが試験に殺到したと推測できよう。

その際、たとえば商家出身の青年は、自家を官僚の収奪から守るためには自分が官僚となる以外に道はないし、一般庶民出身の青年は自らの運命を変えて一族の地位を上げるために、官僚となる以外に道はない。「科挙に合格せよ、官僚になろう」というのは、優秀な青年たち自身と彼らの家族の悲願であり、青雲の志を抱く者たちの人生の最大の目標となったのである。

こうした状況下、政治権力から独立した自由知識人層が育ってこないのは自明のことだろう。自分自身と家族の未来を背負う青年たちの理想と目標は、科挙に合格して官僚になることだから、「自由知識人」になろうとは誰も思わないし、なろうとしても家族や社会から許されない。

彼らにとって、「自由知識人」になるのは、出世の道から外れて落ちこぼれとなることを意味するのだ。

もちろん、科挙試験に合格できるのはほんの一部であり、毎回の試験では必ず大量の不合格者が生み出される。しかし2回目、3回目の挑戦を続けていくのは当たり前のことで、場合によっては老年になるまで挑戦を続ける者もいる。

そして、最終的に試験に失敗して官僚になり損なったとしても、彼らはもはや日常生活には戻れない。人生のもっとも大事な時間を受験勉強に費やしてしまった彼らが普通の生《なり》業《わい》につくのは難しく、たいていの場合、地元の政府機関に就職して官僚の幕僚やアシスタントなどになる。つまり結果的にはやはり、政治権力の一部となって生きていくのである。

このようにして中国と朝鮮の場合、一つの王朝の数百年間の歴史（李氏朝鮮の場合は約500年間）において、優秀な青年のほとんど全員が科挙試験を目指した結果、エリート知識人と落ちこぼれの知識人を含めた知識人階層全体が、官僚として、あるいは官僚機構の付属として、つまり政治権力の一部として生きていくことになった。「知識」は政治権力と官僚に独占され、「知識人層はすなわち官僚、官僚はすなわち知識人層」という、中国と朝鮮に独特の社会現象が生まれたのである。

中国の場合、この官僚＝知識人層を「士大夫」あるいは「読書人」と呼ぶが、朝鮮の場合、それが悪名高き「両班」となる。

ルネサンス以来の西欧で活躍した代表的な知識人の社会的立場と、科挙制度実施以降の中国や朝鮮で活躍した代表的な知識人のそれを比べてみれば、いわば「大小中華」の知識人たちの特異性は、一目瞭然であろう。

西欧の場合、自然科学者だけでなく、哲学者や文学者として活躍した代表的な知識人の顔ぶれを見れば、その大半は政治権力とは無縁な、それこそ自由人としての知識人であることが分かる。哲学者のデカルト、パスカル、スピノザ、カント、ヘーゲル、あるいは文学者のダンテ、シェークスピア、ミルトン……彼らは誰一人として政府の官僚になったりしたことはない。

しかし中国と朝鮮の場合、少なくとも科挙制度が実施された後の時代を通して、代表的な知識人といえば、それはすなわち科挙試験に合格した官僚である。

南宋の時代に活躍した大哲学者で「朱子学」の創始者である朱熹《しゅき》は、19歳で科挙試験に合格した秀才中の秀才であり、いつくかの地方の知事を歴任した官僚である。明王朝の時代に生きたもう一人の大思想家、「陽明学」の創始者の王陽明も、28歳で3回目の科挙試験に合格し、江西巡撫《こうさいじゅんぶ》や南京兵部《へいぶ》尚書を歴任した高級官僚だ。孔子以降の中国で生まれたこの二人の代表的な思想家は、揃って時の政府高官だった。

李氏朝鮮の場合、「東方の聖人」と呼ばれる大儒学者の李珥《りじ》（栗谷）は、生涯9回にわたって科挙試験に受験して、9回とも首席（状元《じょうげん》）合格となったという伝説中の「科挙中毒」である。彼と双璧を成して朝鮮史上最大の思想家の一人とされるのは、今の韓国の1000ウォン紙幣の肖像画となっている李滉《りこう》（李退渓）であるが、彼ももちろん、科挙試験の合格者として高級官僚となった。中国の場合と同様、代表的な思想家が政府の高級官僚であるのは「小中華」ならではの光景であろう。

近代以前の中国と李氏朝鮮の両方で、知識が官僚層によって独占され、知識人層が官僚層である状況下では、独立した自由知識人層が生まれてこないのも当然である。そしてその結果、一つの国あるいは地域において産業化・近代化が起きてくるための条件②「独立した自由知識人層の分厚い存在」が揃うはずはない。官僚が思想と知識を独占する国で、文明と社会の進歩がありえないのは、むしろ「当たり前」だ。

「科学の精神」とは無縁な読書人・両班

ここまでの議論で、産業化・近代化が自然発生的に起きてくるための②から④までの前提条件が、中国と朝鮮という「大小中華」の世界で揃うことは不可能ということを見てきた。さらにいえば、「自然にたいする好奇心から発するところの、自然への実証的考察と論理的思考などからなる『科学の精神』の芽生えと発達」という、産業化・近代化の条件①も、中国と朝鮮の世界から生まれることはない。

その理由は実に簡単で、近代以前の中国と朝鮮の世界で、知識を独占した「読書人」あるいは「両班」という階層は、「科学の精神」と無縁な存在だったからである。それは、「読書人・両班」の受けた教育と彼らの知識構造を見れば、一目瞭然だ。

中国・朝鮮の「読書人・両班」とはすなわち、科挙試験を目指してそれに合格したり、失敗したりする人々のことだが、彼らの受ける科挙試験の中心内容は何かといえば、要するに、儒教の経典と思想である。

たとえば中国の明・清王朝において、科挙試験の試験項目にはまず、儒教教典の「四書五経」の暗記がある。「四書五経」とは、『論語』『孟子』『大学』『中庸』からなる「四書」と、『易経』『書経』『春秋』『礼記』『詩経』からなる「五経」の総称だ。

その中で『論語』は、儒教の第一の聖人である孔子が弟子たちに語った言葉の数々である。『孟子』は儒教のもう一人の「先聖」である孟子の文集だが、それも『論語』と同様、孟子の語り言葉を記録したものだ。『大学』と『中庸』は、五経の一つである『礼記』から一部内容を抜粋して編集された書物で、儒教の基本理念を簡潔に記している。

そして「五経」の中の『易経』は占いの書物であり、『礼記』は礼儀作法の指南書であり、『書経』と『春秋』は歴史書であり、『詩経』はその名の通り、古代から伝来した詩と歌を集めて編纂したものだ。

この「四書五経」全体の文字数は62万字で、科挙試験の受験者たちはそれを全文暗記しただけで頭がいっぱいになることが想像できるが、科挙制度下の中国の知識人層の知識構造の中核を成すのは、まさにこの62万文字なのである。

さらには「作詩」も科挙試験の項目の一つだ。読書人たちは文学を研鑽《けんさん》して詩を上達させねばならない。また「読書人」の理想として、琴、棋、書、画の才能も求められているから、この四つの文野に磨きをかけることも、彼らの仕事である。

こうした儒教教典と作詩と「四分野」は、まさに中国伝統の読書人の知識と教養のすべてだが、その中で作詩と「四分野」が、いわゆる「科学の精神」と無関係であることは、いうまでもないだろう。もちろん中国の読書人と同様に、朝鮮の両班も同じような知識と教養をもつ人々である。

ならば、読書人や両班の知識と教養の中核となる「四書五経」が、「科学の精神」と関係があるのかといえば、実はこの「四書五経」こそが、「科学の精神」が入り込む余地のない「没科学」の世界なのだ。

筆者はこの「四書五経」の暗記は当然かなわないが、内容については何度も読んだことがある。『論語』ともなれば、それこそ何十回も熟読した。しかし、この「四書五経」の世界には、「科学の精神」の基本となる「論理的思考」と「実証的考察」がほとんど見当たらない。

同時に、中国と朝鮮の知識人層が規範としている儒教の思想、あるいは「中華」の学問の伝統において、「自然に対する好奇心」「自然への考察」も、やはり、決定的に欠如している。

前述のように、古代中国の春秋戦国時代、いわば「諸子百家」の時代があって、「百家」と称される学問が繁栄していた。その時、儒教の前身である儒家をはじめ、法による統制を強調する「法家」、「兼愛」（博愛）の思想を唱える「墨家《ぼくか》」、「無為自然」を説く「道家」、兵法を専門とする「兵家」などさまざまな思想や学問の流派が輩出したが、その中をいくら探しても、古代ギリシャの「自然哲学」に相当するような学問や思想は見当たらない。

中国古代の思想家たちの関心は、もっぱら政治や軍事、そして道徳論や人生論などの「人間論」に集中していて、「自然万物」や宇宙などに対しては、好奇心の一つも抱くことがなかったのだ。

もちろん儒教自身もこのような「自然に無関心」な学問の代表格の一つであり、『論語』

を上から読んでも下から読んでも、「自然の謎」などについて語った箇所は一つもない。

そして前漢王朝の時代以来、儒教が支配的イデオロギーとなって隋王朝から科挙制度が実施されると、この国の知識人という知識人は「自然の探求」に無関心となった。いくら「自然の探求」をしても、科挙試験の何の助けにもならないからだ。

ただし、中国の読書人にしても朝鮮の両班にしても、彼らには「作詩」が必要教養の一つとされていて、誰もが漢詩を作ることを得意としているが、その際、自然の森羅万象は、いわば「風花雪月」となり、彼らの詩の題材となることはあっても、決して「科学研究」の対象とはならないのである。

結論を言えば要するに、中国と李氏朝鮮の思想的・知的風土において、産業化・近代化を生む土壌としての「科学の精神」が育ってくることは、あり得なかったのだ。

西欧文明を頑として拒否する朝鮮知識人

近代以前の中国と朝鮮では、われわれが本章で検討した、産業化・近代化が起きてくる「四条件」が完全に欠如しており、この二つの地域から産業化・近代化が自然発生的に起きるのは不可能であることを確認した。であれば、多くの非西欧の地域と同じように、この二つの国が自分自身の産業化・近代化を成し遂げるには、西欧の近代文明に学んでそれを自国に移植する他ない。「西欧に学べ」というのが、彼らにとっての近代化への唯一の道であった。

しかし、中国と朝鮮の抱える最大の問題は、まさにここにあった。彼らはどうしても、明治の日本のように虚心坦懐に西欧文明に学び、それをスムーズに自国に導入することができなかったのだ。その理由は、この二つの国の唯一の知識人層であった読書人と両班が、いわば「中華思想」の虜《とりこ》となって、西欧文明に対して無視するか、あるいは強烈な拒絶反応を示したからである。

いわゆる中華思想とは当然、中国で生まれた思想である。その基本的な考え方とは要するに、この世界において中華の文明こそが唯一の文明にして最高の文明であり、中華こそが世界の中心であり、世界の「文明センター」そのものである、ということだ。

そこで中華王朝の皇帝は、この文明世界の頂点に立つ唯一の主だが、皇帝の手足となる中国の官僚、すなわち読書人が中華文明の具現者であり担い手であり、文明を後世に伝えていくための「伝道者」でもある。

その際、中華文明の中核を成しているのは儒教の思想である、とされる。とくに儒教の礼儀こそが文明の要《かなめ》であり、儒教の礼儀を体得していることは「文明人」であることの前提条件だとされた。

そして中華という唯一の文明世界の周辺には、「南蛮・北狄《ほくてき》・西戎《せいじゅう》・東夷《とうい》」と呼ばれるような「化外《けがい》の民」がある。「未開の地」に住むそれらの人々は中華文明からの「教化」を受けていないから、いわば禽獣《きんじゅう》同然の野蛮民と見なされる。ただし彼らも中華文明からの「教化」を受ければ、徐々に「文明人」に近づける。つまり中華文明によって「教化」されているかどうかが、人間と禽獣との分かれ道になるのだ。

以上のように、「中華文明が世界唯一の文明であること」「中華文明に教化されているかどうかは人間と禽獣を区別する基準であること」「中国の読書人こそ、この唯一の文明の担い手であること」「儒教の思想と礼儀は文明の核心であること」という「四点セット」が、文明論としての「中華思想」の骨格なのである。

現代に生きるわれわれの世界観からすれば、そんなものは中国人の「妄想」にしか思えないが、近代以前の中国人、とくに中国の知識人たちは本気でそう考えていた。そして、そう考えることで、彼らは中華以外の世界の人々に対し、大きな優越感を抱いていたのである。

実はたいへん面白いことに、中国の読書人だけでなく、中国人からすれば「東夷」の一つにすぎない朝鮮の知識人も、自らのことを中華文明の一員だと思い、いわば朝鮮版の中華思想を発達させてきた。

朝鮮人の中華思想はまず、自分たちが中国の文化と文明、すなわち儒教の思想と礼儀をきちんと修得していることに依拠している。つまり李氏朝鮮の知識人は、中華文明の一員であるかどうかは住む地域によってではなく、その中華文明のコアとなる儒教と礼儀の受容・履行によって決まるなら、遠い新羅や高麗の時代から儒教を受容して科挙制度を導入し、李氏朝鮮になってからは中国とそっくりそのままの政治制度を移植した自国は、すでに十分に教化を受けて正真正銘の中華文明の国となった、と考えたのだ。だからこそ、彼らは自国を「小中華」だと自慢げに語ることができるのである。

そして李氏朝鮮時代の半ば、中国大陸では漢民族の王朝である明王朝が滅び、女真族という「北狄」としての異民族が中国大陸を支配して清王朝を創建した。こうした事態を受け、李氏朝鮮の人々の「中華意識」は、いっそう増長した。

時の李氏朝鮮の知識人はこう思っていたことだろう。中国大陸が不幸にも「北狄」の野蛮民族によって支配されてしまった以上、中国そのものはもはや中華文明の本家とは言えない。中華文明の本拠地はこれで、以前から儒教の思想と礼儀の忠実な信奉者であり実行者の朝鮮へと移った。中華文明の正統は、まさに朝鮮によって受け継がれている——。

そうなると、朝鮮はもはや「小中華」ではない。朝鮮こそが中華そのものであり、中華の本流・本家となった、と李氏朝鮮の人々はひそかに考えるようになったのだ。したがって彼らにすれば、明王朝が滅んだ後、中華文明の正統を保っていくのはむしろ自分たちの使命となるのである。

以上は、近代以前の中国知識人が抱く中華思想と、当の中国人以上にそれにこだわる朝鮮知識人の抱く中華思想の概要だが、世界史が近代に突入し、西欧の文化と近代文明がアジアに伝わってきた時、中国と朝鮮の知識人のそれに対する反応はよく似ていた。中華文明を唯一の文明だと考え、自分たちこそがその唯一にして最高の文明の担い手であるとの自覚を持つ彼らは、西欧文明を心から軽蔑したり、強烈な拒絶反応を示したのである。

中華思想の信奉者である彼らからすれば、「西戎」や「北狄」とほぼ同類の西欧人がそもそも、たいした文明・文化を持つことはあり得ない。ましてや世界文明の頂点に立つ中華世界のエリートである自分たちが、西欧文明から学ばなければならないとは夢にも思わないのである。髪の毛が赤く目の青い西欧人は軽蔑と好奇の対象になることはあっても、学ぶべき対象にはならなかったのだ。

中国の場合、明王朝の末期に西洋の宣教師はすでに上陸してきているし、清王朝の康熙《こうき》帝・乾隆帝の時代、宣教師たちはよく北京にやってきて皇帝に謁見《えっけん》したり、望遠鏡や蒸気船などの近代技術の賜物《たまもの》を献上したりした。乾隆帝の時代、1793年にイギリス国王ジョージ三世は大人数の使節団までを中国に派遣してきて、清王朝との通商を求めた。しかし清王朝はイギリスからの通商要求をきっぱりと拒否した。それと同時に、清王朝の朝廷と読書人たちは、西欧文明や技術に対して、そのいっさいを無視する態度をとった。

中国の読書人たちの西欧に対する態度がこうした「鷹揚《おうよう》なる無視」であれば、「小中華」だと自任する李氏朝鮮の両班たちのそれは、いっそう激しかった。

李氏朝鮮では、西欧文明が伝わってきた当初から、両班たちは「衛正斥邪」のスローガンを掲げ、それに対する激しい抵抗運動を展開した。「衛正」とは要するに「正学」としての儒教を代表する中華文明を守ることであり、「斥邪」とは「邪学」、つまり西欧の学問を中心とした近代文明を排斥することである。

たとえば李氏朝鮮末期の代表的な儒学者で、「衛正斥邪」論の代表格である李恒老《イハンノ》に至っては、西洋のことを「夷狄」だと貶《おとし》めた上、「西洋は禽獣でいる価値もない」と言い切って、キリスト教から「洋物」までの西欧のいっさいの文明・文化・文物に対する徹底的な排斥を主張した。

しかし西欧の武器や技術は確実に強いので、それを排斥すると国そのものが滅んでしまうのではないかという疑問に対し、彼ら「衛正斥邪」派の出した答えは、実に明快だった。中華文明こそ、中華の思想と礼儀こそが、人間が人間であることの所以《ゆえん》であるから、それを捨てて西欧のものを取り入れたら、もはや禽獣に成り下がるしかない。そうなるなら、国が滅んだ方がましだ、というのである。

そこまで「中華」にしがみつくなら、もはや「中華中毒」という他ないが、結局、まさにこうした「中華中毒」が原因となって、朝鮮はいっこうに自国の近代化を成し遂げることができず、最後は明治日本の手を借りて朝鮮半島の産業化を進めるしかなかった。一方の中国も、自らの中華思想に束縛されていた結果、西欧からの近代文明の導入はなかなか進まずに、産業化・近代化は大幅に遅れることとなった。

近代という時代になってからの、中国と朝鮮の進歩を妨げた最大の要因はまさに「中華思想」という自己陶酔の「阿片」だが、より長い歴史から見れば、そもそも中国と朝鮮の両方について、産業化・近代化が起きてくるいかなる可能性も、最初から、まさに「中華」と称すべきところの中国流の政治システムと文化構造によって「窒息」させられていた、というしかない。中国と朝鮮の文明と社会自体が、近代への進化を妨げる最大の要因だったのだ。

そういう意味では、中国と朝鮮、特に本場の中国よりも中華文明に中毒した朝鮮が、まさに「進歩しない」愚昧《ぐまい》なる民族の典型となったのもむしろ歴史の必然である。

日本に併合されて始まった朝鮮の近代化

もちろん、愚昧と停滞の朝鮮半島にしても、近代になってから約2世紀、まがりなりにも近代化へ向かって前進したのは事実である。しかしその際、朝鮮半島の近代化はほとんど、日本を主とした外国の力によって進められたのである。

それに対して、1860年代の西洋列強の来航から1910年の日韓併合まで、李氏朝鮮あるいは朝鮮人自身による近代化、あるいは近代化改革の試みはすべて失敗に終わった、ということである。

西洋列強が朝鮮半島の開国を、軍事力をもって迫ったのは、1866年のフランス艦隊の来襲（丙寅洋擾《へいいんようじょう》）から始まる。その当初、半島を統治していた李氏朝鮮は「衛正斥邪」のスローガンの下、西洋諸国との開国通商を断固として断った一方、国内のいかなる近代化への改革をも頑《かたく》なに拒否した。本章の前半において記したように、統治者層である両班の骨の髄まで浸透している「小中華思想」が、李氏朝鮮の「文明開化」の大いなる妨げになったからである。

それから10年後、李氏朝鮮の中で若手官僚を中心とした「開化派」がやっと生まれてきて、1884年（甲申《こうしん》の年）、開化派グループは日本からの支援を頼りに改革を断行する甲申政変を起こした。しかしそれは王朝内の守旧派に鎮圧され、失敗に終わった。

さらに10年後の1894年（甲午《こうご》の年）から96年にかけて、李氏朝鮮では国政事務と宮中事務の分離、科挙の廃止、銀本位制の採用、身分制の撤廃を内容とする「甲午改革」が行われたが、それも顕著な成果を得られず、いつの間にか幕を下ろしてしまった。

甲午改革の2年後、李氏朝鮮の国王である高宗《ゴジョン》は何と、ソウルのロシア公使館に逃げ込み、ロシアの力を頼りに政治を行うこととなった。そして1897年、高宗はロシアのバックアップを得て大韓帝国の樹立を宣言し、自らを皇帝と称した。

その後、大韓帝国は中央と地方官制の改編や、軍事制度と教育制度の整備などを内容とする「光武改革」を試みたが、それもほとんど成果を上げていない。大韓帝国そのものがロシアという外国勢力を後ろ盾にしていることは前述の通りだが、朝鮮の植民地化を企む帝政ロシアが、朝鮮の富国強兵につながるような本格的改革を許すわけがない。「光武改革」は結果的に、朝鮮に対するロシアの経済的・政治的支配を助長しただけである。

ロシアが朝鮮半島に対する支配を強めたことは当然、隣国である日本に対する重大な脅威となった。この脅威を取り除くため、１９０４（明治37）年に日本はロシアに対する戦争、すなわち日露戦争を発動した。戦争の結果、日本は多大な犠牲を払ってロシア勢力を朝鮮半島から駆逐することに成功したが、朝鮮半島が再び大陸勢力に支配されて日本の脅威となることを防ぐため、１９０９（明治42）年、日本政府は当時の大韓帝国政府との合意のもとで日韓併合を決め、翌年に併合した。

これで朝鮮半島は日本の一部となったが、実は朝鮮の本格的な近代化は、まさにその時から始まったのである。

たとえば教育面でいえば、日韓併合の時点では韓国全土（朝鮮半島全体）に開校されている四年制の普通学校（小学校に相当）は１００校ほどだった。しかし併合後には増設の一途をたどり、日本統治時代の末期である1943（昭和18）年には、国民学校の数は5960校にまで達した。それに伴い、併合当時は6％にすぎなかった朝鮮の識字率も、1943年には22％にまで上がった。

李氏朝鮮時代初期に発明された朝鮮独自の文字であるハングルも、実は日韓併合後に普及したものである。近代文明国家の象徴の一つである義務教育制度の導入と義務教育の普及は、まさに日韓併合時代において日本政府の手によって進められた。

それ以外にも、李氏朝鮮伝統の身分制度に終止符を打った戸籍制度の導入と実施、本格的な近代国家づくりの基盤整備である土地調査は、朝鮮総督府の手で実施された。そしてインフラ整備や経済発展の面では、日本政府は莫大な資金を投入し、朝鮮半島の鉄道、道路、下水道、上水道、電気網の整備や、ダムの建造や植林事業の推進など、近代産業の振興に努めた。

その結果、日韓併合時代の36年間、朝鮮半島の近代化は急速に進み、朝鮮は伝統的な農業国家から近代国家へと大きく変貌した。1929年、カーネギー財団から朝鮮に派遣されたアメリカ人記者は、「日本は併合以来19年間にして、数百年間停頓状態にあった朝鮮と、近代文明国との間に渡り橋を架けてやった」と証言したが、朝鮮の近代化を推し進めたのはまさに、近代文明国家としての日本だった。

日韓併合時代、朝鮮半島の人口は併合時の1313万人から1944年の2512万人と約二倍にも増えたことは、この期間で朝鮮の近代化が進行したという何よりの証左であろう。

とにかく、日韓併合の時代において日本政府の主導下で朝鮮の近代化が軌道に乗ったことは事実だが、それは逆に、朝鮮は結局、自国の近代化を自力で進めることは一つも出来なかったということを意味している。

しかしまさにそのため、1945年の日本の敗戦で朝鮮半島が日本の統治から離れた後、北部の北朝鮮がそのまま前近代的な世襲独裁国家に戻ってしまい、「民主主義国家」となったはずの南部の韓国は、今でも前近代的体質を引きずる異様な国となっている。外国の導きと助力なしでは、半島の人々はいつまでも「進歩しない」愚昧民族のままなのである。

第二部

内ゲバと殺し合いが民族不変の伝統

第三章
高句麗から李朝までの朝鮮半島内ゲバ史

内紛と抗争に明け暮れた朝鮮人の歴史

2018年2月9日の平昌五輪開幕式では、北朝鮮と韓国の選手団が統一旗を掲げて合同入場した。「民族の融和」をアピールするこのパフォーマンスは、いっとき世界中の話題となっていて、なかなかの評判であった。

しかし、この演出された「民族の融和」は結局のところ長くは続かない。北朝鮮側が韓国海軍哨戒艦「天安」撃沈事件を主導したとされる金英哲《キムヨンチョル》朝鮮労働党副委員長を閉幕式に参加させると発表すると、韓国国内では早速反発の声が上がり、副委員長の来韓に反対する抗議デモも起きた。こうした中、2月25日の閉幕式では、北朝鮮選手団と韓国選手団の合同入場は二度と再現されず、両選手団別々の国旗を掲げての別の行進となった。

せっかくの「民族融和」のアピールも、このように中途半端な形で終わったが、考えてみれば、北朝鮮と韓国との「民族融和」はそもそも現実性のないフィクションにすぎない。フィクションだからこそ、パフォーマンスで「融和」をアピールするしかないのだ。

１９４８年に南北分断が固定化してからこの70年間というもの、北朝鮮と韓国は「融和」からほど遠い、血で血を洗う民族同士間の死闘を繰り返してきた。数百万人の犠牲者を出した１９５０年代の朝鮮戦争もさることながら、近年でも、２０１０年3月に起きた前述の韓国海軍哨戒艦「天安」撃沈事件や２０１０年11月に韓国の大延坪《ヨンピョン》島で起きた両国軍の砲撃事件など、民族同士の撃ち合い・殺し合いは休戦協定後にも普通に起きているのである。

民族同士の殺し合いはもちろん、韓国と北朝鮮の間だけの話ではない。それぞれの国内でも事情は同じだ。北朝鮮の場合、金正恩による国内政敵の粛清はその手段の残忍さといい規模の大きさといい、文明国に生きるわれわれの度肝を抜くのに十分すぎた。挙げ句の果てには、肉親であるはずの兄・金正男までが金正恩の暗殺の対象となった。

韓国は、一応「民主主義国家」の形をとっているから、北朝鮮ほど露骨な「粛清」こそできないものの、それでも政治の世界の残酷さはケタ外れである。たとえば韓国大統領といえば、その多くが悲惨な末路を辿ることで有名である。

初代大統領の李承晩《イスンマン》は亡命、2人目の尹潽善《ユンボソン》は実刑判決、3人目の朴正熙《パクチョンヒ》は暗殺、4人目の崔圭夏《チェギュハ》は軍事クーデターで辞任、5人目の全斗煥《チョンドゥファン》は逮捕・死刑判決（後に特赦）、6人目の盧泰愚《ノテウ》は懲役刑（後に特赦）、9人目の盧武鉉《ノムヒョン》は自殺、10人目の李明博は逮捕、11人目の朴槿恵も弾劾《だんがい》・逮捕と、文在寅まで12人いる大統領のうち、ほとんどが在任中あるいは退任後に悲惨な目にあっている。

その原因としては、もちろん大統領自身による汚職や独裁専制、民衆弾圧といった自業自得の部分もあるが、権力闘争という側面も強い。新政権が誕生すると前政権を否定するために、さまざまな罪で弾劾するのだ。

もちろん権力闘争は日本を含め、どの国にもある。だが、戦後の近代国家、しかもまがりなりにも先進国において、これほど歴代の国家元首が最後に石もて追われるように失脚していく国も珍しいだろう。

だが、韓国および朝鮮半島の歴史を知れば知るほど、朝鮮民族はつねに権力闘争に明け暮れ、内紛と争乱を続けてきた民族だということに気づかされる。

韓国人学者の崔基鎬《チェギホ》氏は、長期政権で重なる時代もある李氏朝鮮（1392〜1910年）と江戸時代（1603〜1868年）を比較している。李朝は李成桂《イソンゲ》が開祖となり500年以上、江戸時代は徳川家康が幕府を開いて約300年続き、家康も李成桂も子供に恵まれて70代で没した点など、共通性が多いとしている一方で、国のあり方はまったく違うと指摘しているのだ（前掲『韓国　堕落の2000年史』）。

徳川将軍家の場合には、一族の間で権力争いによる殺し合いなどはほとんどなかったが、李朝では王家の親子や兄弟、親族の間で凄惨極まりない殺戮《さつりく》が続いた。

有名なのが癸酉靖難《きゆうせいなん》（1453年）である。4代目国王である世宗の長男が文宗《ムンジョン》として5代目国王となったが、病のために在位わずか2年で死去、その子供が端宗《タンジョン》として11歳で即位した。これに対して、世宗の次男であり端宗の叔父にあたる首陽大君《スヤンデグン》が1453年にクーデターを起こし、端宗の側近を次々と殺害、端宗を引退に追い込み、自ら世祖《セジョ》として王位についた。

後に世祖は端宗の身分を庶人にまで落として流罪とし、毒薬による賜死《しし》で殺害している。

この時、世祖の擁立に加担した功臣たちおよびその子孫たちは、勲旧派と呼ばれ、後に台頭してくる科挙官僚たち（士林派）と血で血を洗う抗争を繰り広げることになる。勲旧派や王家の外戚による士林派の弾圧は「士禍《しか》」とも呼ばれ、朝鮮半島の争乱の一因ともなってきた。有名な士禍には、1498年の戊午《ぼご》士禍、1504年の甲子《こうし》士禍、1519年の己卯《きぼう》士禍、1545年の乙巳《いっし》士禍は、「四大士禍」と呼ばれている。

やがて士林派は東人と西人に分裂、さらに東人は北人と南人に分裂して、激しい抗争を繰り返したのである。李氏朝鮮の官僚たちは「両班」と呼ばれるが、彼らは党派をつくり、互いに殺し合いを繰り広げた。これは「朋党の争い」ともいわれる。この士禍と朋党の争いについては、後に改めて説明する。

崔基鎬氏は、「韓民族は、李成桂が李朝を開いた1392年以降、1910年まで518年間に及んだ暗黒時代を通じて、両班が党派を組んで空理空論を戦わせ、血で血をもって争うのが政治だと錯覚するようになった」と論じる一方、「徳川の歴代将軍と幕閣は法を重んじて、よく遵守したから、このあいだ継続性が保たれた。このために、日本は徳川期を通じて、世界でも珍しい平和を享受し、当時の世界において高い経済成長率を維持した」と徳川時代を高く評価している。

そして、李氏朝鮮には安定した社会をつくるために必要な継続性がなく、政治とは党派を組んで相手を蹴落とすことであり、自分だけが栄えればいいと考えるようになったため、法が軽んじられ、官僚たちは不正蓄財や賄賂に走り、民衆は搾取と収奪の対象でしかなかったと断じている。

徳川家においては、2代将軍の秀忠が長男の家光より弟の忠長を寵愛したため、時期将軍の座をめぐる争いがあったと言われており、その後、3代将軍となった家光は忠長に切腹を命じている。だが、その実態は、忠長が酒に酔って御伽《おとぎ》の坊主や女中を殺害するといった奇行や乱行が相次いだためだ。

そうした例外を除いて、徳川一族内部において血で血を洗う抗争というのはほとんどなかった。殺し合いが日常風景となっていた李氏朝鮮とは随分違っていたのである。

最初の王朝も内紛で崩壊、内ゲバのもたらす痛恨事

朝鮮の歴史を調べてみれば、そのような内輪の争いは、別に李氏朝鮮から始まったわけではない。ずっと長い伝統があるのだ。

韓国人はよく朝鮮史を「半万年の歴史」などと主張する。しかし朝鮮半島で実在が明らかな王朝で最初のものは衛氏朝鮮（前195?〜前108年）で、それは中国の燕から朝鮮

半島に亡命してきた衛満がつくった国であり、もともとは中国人が建国したものだったのだ。その衛氏朝鮮も漢の武帝の朝鮮遠征で滅ぼされ、漢四郡を置かれた。

こうした事実があるため、習近平主席はトランプ大統領に対して「朝鮮は中国の一部だったことがある」と発言したのである。

そういう意味では、朝鮮民族が自らつくった最初の国は三国時代の高句麗（前37～668年）である。高句麗は現在の北朝鮮と中国の吉林省一帯を領土としており、当時としては強力な国家だった。隋の煬帝も唐の太宗も何度か高句麗へ出兵したが、すべて撃破されて失敗に終わっている。

よく知られているように、高句麗は唐・新羅の連合軍によって滅ぼされた。だが、亡国の原因となったのは、高句麗での内紛だった。

高句麗には淵蓋蘇文《ヨンゲソムン》という強力な将軍がいた。この淵蓋蘇文は642年、クーデターによって唐に融和的だった第27代王の栄留王《ヨンニュワン》とその側近を殺害し、別の王を立てて実権を掌握《しょうあく》したが、661年から始まる唐・新羅連合軍による高句麗攻撃を次々と打ち破った英雄でもあった。

ちなみに、三国時代の新羅は高句麗の南東に位置し（南西は百済）、唐・新羅連合軍による高句麗攻撃というのは、現在でいえば韓国と中華人民共和国が連携して、北朝鮮に攻め込むような構図である。

　こうして淵蓋蘇文は唐・新羅軍の侵攻を果敢に防いだ。だが、この実力者が６６５年に死去すると、たちまち後継者争いが始まった。淵蓋蘇文には男生《ナムセン》、男建《ナムゴン》、男産《ナムサン》という３人の子供がおり、彼の死後、長男の男生が後を継いだ。だが、男生が地方巡察に出かけたすきに、２人の弟が反旗を翻して首都の平壌を占領してしまう。

　権力を奪われた男生は、高句麗の副都である国内城に逃げ込み、自ら唐に下った。そして国内城を唐に引き渡すだけでなく、高句麗の国内事情やウィークポイント、攻略方法などを教え、しかも自ら高句麗遠征の先導役まで務めたのだ。こうして、唐・新羅軍は６６８年、大軍で平壌を包囲する。

　男産は王命を受けて連合軍に降伏を申し入れたが、男建はなおも籠城して抵抗していた。男建は軍事指揮権を僧侶の信誠に託していた。だが、この信誠は男生によって使わされた内通者であった。信誠は城門を開き、唐・新羅連合軍を場内に招き入れ、ここに高句麗はついに滅んだのである。

　このように、朝鮮人の最初の王朝である高句麗からして、内紛と売国的行為によって滅んだのである。以後、朝鮮半島には統一新羅、高麗、李氏朝鮮と続くが、いずれも内紛で滅んでいる。

韓国の歴史学者には、高句麗の滅亡に対して痛恨の念を表明している人も多い。高句麗は現在の中国の東北一部も支配していたため、もし高句麗が滅亡することなく、朝鮮半島を統一していれば、現在の中国の東北地方の一部まで支配が及び、朝鮮は半島国家ではなく、大陸まで続く一つの大帝国になったかもしれないというわけだ。

統一新羅はあくまで唐の高句麗攻撃に従軍したという形であったため、高句麗の国土を得られたわけではなかった。唐は高句麗を滅ぼした後に、朝鮮半島全体を支配しようとしたため、新羅と対立するようになった。

新羅は唐が西方で吐蕃《とばん》と戦争している隙に反乱を起こし、676年に唐の行政府の役人や警備部隊を奇襲して殺害し、かつての百済領と高句麗領の南半分を奪取して朝鮮半島を統一するが、それでも統一新羅の国境は現在の北朝鮮より南にあった。

そしてこの統一新羅から、半島国家という形が完全にできあがったわけだが、韓国人にとっての痛恨事である高句麗の滅亡はそもそも、半島民族得意の内ゲバのもたらした自業自得の結果ではなかったか。

文臣と武臣の死闘が彩る高麗王朝史

高句麗を滅ぼした後、朝鮮人による初めての統一国家・統一新羅が誕生したが、やはり内紛によって、分裂してしまう。

王朝内では王位簒奪《さんだつ》のための暗殺や処刑が頻発し、780年ごろには武烈王《ムヨルワン》（第五章で詳述）の血統は断絶した。こうした王位をめぐる争いに地方勢力も加わり、全国で反乱がたびたび起こるようになる。そして892年には、ついに統一新羅が新羅、後百済、泰封《たいふう》という三つの国に分裂、鼎立し、後三国とよばれる時代に突入する。

この3カ国を再統一し、高麗を建国したのが、泰封の将軍であった王建《ワンゴン》である。泰封王から王位を奪い、新羅を併合、後百済を滅ぼして936年に朝鮮半島を統一するに至った。

この高麗の時代は、大陸から仏教を取り入れたために、仏教文化が繁栄した。しかし政治的には、基本的に儒教政治を行っていた。第4代高麗王の光宗《クァンジョン》（在位949～975年）の時代に科挙を導入して文官制度をつくった。そのため、文官の地位が高まる一方で、武官は非常に低い立場に置かれるようになった。ちなみに、この文官と武官という二種類の官僚を称して「両班」という。

そもそも高麗は、王建が地方の有力豪族などをまとめ上げてつくった国である。そのため、建国や朝鮮統一の勲功がある一族だという自負が強い武官たちの不満が高まるようになった。

その不満が爆発したのが、第18代高麗王・毅宗《ウイジョン》（在位1146～70年）の時代である。1170年、李義方《イウイバン》ら武官を首謀者とする軍事クーデターが起きたのだ。

彼らは文官たちの宴会場に軍隊を率いて乱入し、手当たり次第に殺害していった。しかも、毅宗を廃して弟の明宗《ミョンジョン》（在位1170～97年）を擁立し、政権中枢に勢力を拡大していった。

ここに、高麗朝で初めて武臣政権ができたのである。ところが、しばらくすると武臣内部で再び仲間割れと殺し合いが始まる。

武臣勢力の主導権を握った李義方は、一緒にクーデターを実行した李高《イゴ》という武臣を排除して、自分の娘を王太子の妃にし、権力固めに動いたが、やがて李義方は、もう一人のクーデター仲間だった鄭仲夫《チョンチュンブ》に殺害される。

そしてこの鄭仲夫も慶大升《キョンデスン》という武臣に殺され、慶大升の死後には、李義旼《イウイミン》という武臣が実権を握るが、これも崔忠献《チェチュンホン》という武臣に倒された。ここに至って崔一族が4代にわたって権力を握り、ようやく高麗朝の武臣政権が安定した。最初の武臣のクーデターから数えて、およそ約26年間にわたり、お互いに殺し合いをやっていたのだ。

ところが、ようやく安定したかにみえた武臣政治だが、崔忠献の子供の崔瑀《チェウ》が執権者の時代、1231年にモンゴルが高麗に来襲してきた。高麗は抗戦してモンゴル軍を撤退させたが、同時に王朝の首都である開京（現在の開城）を放棄して、江華島という現在のソウル近くの島に都を移し、崔氏は私兵団である三別抄《サンビョルチョ》を率いてモンゴル軍に徹底抗戦した。以後、5回にわたるモンゴル軍の攻撃を撃退せしめている。

だが、1258年、モンゴルへの徹底抗戦に反対して降伏を主張する文臣グループが、中級武臣の金俊《キムジュン》と結託してクーデターを起こした。彼らは崔氏一族の主帥である崔竩《チェウィ》を暗殺し、崔氏一族を政権から一掃した。

そして国王の高宗（在位1213～59年）は政変の実行者たちに担がれ、モンゴルへの全面降伏の交渉を進めた。

モンゴルは、高麗国王が抗戦の拠点である江華島を放棄して開京に還都することと、高麗の太子を人質としてモンゴル帝国に入朝させることを降伏条件として求めた。高麗王朝

十三世紀の元朝と高麗・日本

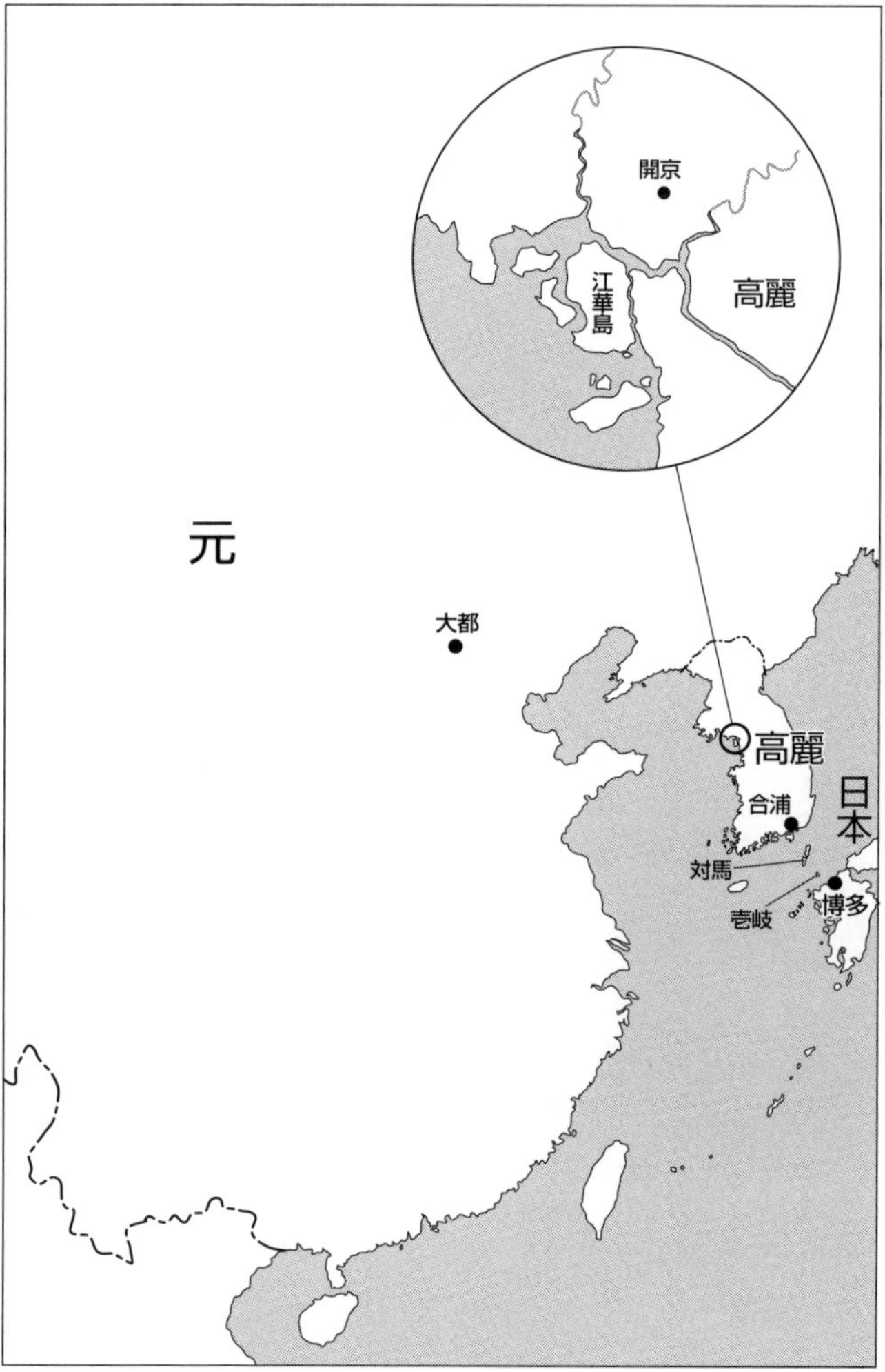

はこれを受け入れ、ついに全面降伏し、モンゴルの属国となった。

東京大学名誉教授の歴史学者、村井章介氏の『中世日本の内と外』（筑摩書房）の記述によると、崔氏滅亡に際してモンゴル帝国に送った高宗の国書では、

「本国が貴国にこれまで事大の誠を尽くせなかった理由は、権臣が政治をわがものとし、貴国への内属を好まなかったゆえであります。崔はすでに死にましたので、ただちに島を出て都を開京に戻し、貴国の命を聞きたく存じます」

と書いているという。

つまり高宗は、クーデターで殺害された崔竩一人に責任を被せたのである。しかもそれを他国に服属できなかった理由にしているのだから、いかにも情けない話である。

高宗までは高麗において皇帝という呼称を使っていたが、モンゴルの属国になったことでその呼称は禁止された。

翌1259年4月、高麗太子の倎《チョン》（のちの元宗《ウォンジョン》）は約束どおり、モンゴル入朝の旅に出るが、同年中に高宗が病死する。太子の倎はそれを知らずにモンゴル入朝の旅を続けた。同年にモンゴル帝国皇帝の憲宗《けんそう》も中国の宋王朝（南宋）征伐の陣中で病死したため、倎は憲宗に謁見できなかったが、憲宗の弟のフビライに会うことができた。

当時、憲宗死後の皇位をめぐって、フビライは他の兄弟と争っている最中だったこともあり、属国の太子が自分に謁見してきたことは、フビライにとって好都合だった。朝貢国からの来朝を受け入れることは、「天命」を与えられた「真命天子」（皇帝）としての証だからだ。

倎の父親である高宗が死去したことを知ったフビライは、すぐに倎を高麗に送り届けた。倎に恩を着せ、高麗を忠実な属国として取り込もうとしたのである。

１２５９年、太子倎は帰国し、高麗の新しい国王に即位した。元宗（在位１２５９年〜74年）である。同時期に、モンゴルでもフビライが皇位についたことで、モンゴル帝国と高麗は、それまでの侵略国と被侵略国という関係から、宗主国と属国の親密な連合関係へと転換していった。

国王に就任した元宗は、モンゴル帝国に約束した江華島から開京への再遷都を進めようとした。しかし高麗王朝では、崔氏一族を一掃した後に実権を握った武人の金俊とその配下である反モンゴルの武臣グループが、江華島からの遷都に強く反対した。戦時体制の江華島から開京に戻ることで、再び文臣たちの天下になってしまうことを恐れたからだ。

元宗にしてみれば、金俊たちの抵抗により宗主国との信頼関係が崩れかねない。そのため、元宗は金俊一派の排除を決意する。そこで目につけたのが、金俊の部下である林衍《イムヨン》という軍人である。彼はもともと金俊の部下の一人であり、崔氏一族の打倒に大きな功労があったために枢密副使（軍を統括する次官）にまで出世していたが、さらなる野心を抱える林衍は、金俊とも対立するようになった。

そこで元宗は、林衍を味方に引き込み、金俊の排除を命じた。1268年、林衍は金俊の不意を狙って襲撃、一族ごと誅滅した（僧侶出身の金俊は元宗と同じく和戦派で、モンゴルへの講和を申し入れたので、主戦派の林衍に殺されたという説もある）。

ところが金俊に取って代わって権力を握った林衍は、金俊以上に横暴にふるまい、元宗の王権を脅かす存在となった。そこで元宗は林衍も排除しようとするが、それを察知した林衍は、1269年6月に先手を打ってクーデターを起こし、国王を幽閉、王弟の安慶公を新しい国王に立てた。そうして王朝の全権を握った林衍は、宗主国のモンゴルに使者を送り、元宗が病気のために王位を弟に譲ったと嘘の報告をして、事件をごまかそうとした。

しかしちょうどそのころ、元宗の世子（跡継ぎ）の諶《タム》がモンゴル帝国に入朝していた。政変から1カ月後の同年7月に帰国する際、諶は高麗との国境付近で真相を知り、帰国を中止して直ちにモンゴルの首都・燕京《えんきょう》（現在の北京）に引き返し、世祖フビライに政変の真相を報告した。そしてその場で、元宗を助けるために、モンゴル帝国に出兵を要請したのだ。

王朝の世子が自ら進んで、モンゴル軍に自国への出兵を頼み込んだわけである。諶からの出兵要請にフビライは、遼東の軍兵3000に動員の命令を下すとともに、高麗に対しては、モンゴルの許可なしに勝手に国王の廃立を行った林衍の責任を問い、元宗の復位を強く求める詔書を送った。

度重なる交渉の末に、林衍はモンゴルの軍事的圧力に屈してやむなく元宗を復位させたが、元宗は安心できなかった。林衍を排除しない限り、王室の安泰は保証されない。そこで元宗は世子諶と共に、自らモンゴルに入朝する。そしてフビライに対して、モンゴル軍の力で権臣の林衍を倒して都を開京に戻してもらうことと、世子諶にモンゴル帝国の皇女を降嫁してくれるように嘆願する。

反政権側が政権を倒すために外国勢力に頼ることはよくある。ベトナム戦争も南ベトナムはアメリカ軍に頼ったし、現在のシリアも反政府側は欧米によるアサド攻撃に期待している。

だが、一国の国王がわざわざ外国に出かけていって、その外国の軍隊に、自国を守ろうと立てこもっている国内勢力を駆逐し、侵略を完成してくれるよう依頼するというのは、おそらく世界史上でもほとんど類を見ないだろう。そして本書の第三部で詳しく記していくように、外国勢力を自らの内紛に招き入れるのはむしろ、朝鮮民族のもう一つの不変の伝統なのである。

蒙古の日本侵略と虐殺に加担した高麗王朝

モンゴルの大軍とともに高麗に戻った元宗は、高麗の旧都である開京に入城し、江華島に残っている臣下に対して開京への帰還を命令した。しかも、もし命令を拒めば、モンゴル軍によって一族もろとも引っ捕らえると脅迫したという（山口修著『蒙古襲来――元寇の史実の解明』光風社選書）。

ちょうどその頃、江華島では権臣の林衍が急死（1270年）し、その後を継いだ林惟茂《イムユム》も、モンゴルの支援を受けた文官により殺害されてしまう。これにより、100年続いた武臣政権は終わりを告げた。

権力をはく奪された武臣の中心となったのが、先述した崔氏の私兵だった三別抄である。

三別抄は崔氏一族が一掃された後も存続し、島の防備の主力部隊となっていたのだ。

元宗は三別抄に解散を命じたが、三別抄はこれに反発して拒否、1270年5月には高麗王族の一人を担ぎ出して新しい国王につけ、自前の政府をつくって、元宗に公然と反旗を翻したのだ。

当然ながら、元宗はさっそくモンゴル軍に三別抄の鎮圧を要請し、高麗の政府軍と連合軍を組んで江華島への総攻撃を開始した。騎馬民族であるモンゴル軍は海上戦や渡海が苦手であり、もともと高麗政府が江華島に移ったのもそれが理由だったが、モンゴル軍が高麗政府軍と組んだことで、その欠点も解消された。

劣勢に立たされた三別抄は朝鮮半島西南地方の近海にある珍島、耽羅（済州島）へと次々に拠点を移したが、1273年、連合軍によって三別抄はついに全滅となる。

国内における最後の反モンゴル勢力を一掃したことで、モンゴルの高麗征服が完了した。高麗は名実ともにモンゴル帝国の完全な属国となったのだ。高麗王朝は世子諶を人質としてモンゴルに送り、同時に貴族子弟20人、職員100人を、モンゴル帝国の宮廷に送った。

このように、文官と武官の内ゲバ、武官同士の内ゲバ、王と武官の内ゲバが繰り返され、最後には外国勢力に泣きついて政敵を倒すというのが、高麗時代前半の出来事であった。

以後、高麗は文臣政権に戻ることになるが、しかし同時に、高麗は完全にモンゴルの属国になった。元宗の世子で第25代国王の忠烈王《チュンニョルワン》に即位以降、高麗の王太子は必ず人質としてモンゴル、大元帝国に行かなくてはならなくなった。そして元朝でモンゴル族の皇族の娘を妃にもらうことが義務づけられた。

前王が死去すれば、妃を連れて高麗に戻り王になる。生まれた息子にはモンゴルの血が流れている。そしてその太子はまた次の高麗王になる。要するに高麗王は、つねにモンゴル皇帝の娘婿という立場になったのだ。

また、王室についても祖や宗といった呼称は禁じられ、「○○王」とするように定められた。そのため、忠烈王以降の高麗国王はすべてそうなっている。

モンゴルと高麗の宗属関係が確定する中で、フビライは日本を次のターゲットにしはじめた。

フビライは高麗に日本への交渉窓口になるように命じ、1268年、高麗の使者がモンゴルの国書と元宗の書簡を携えて、九州の大宰府に到着、国書は鎌倉幕府を通して朝廷に送られた。

モンゴル側の国書は、一応は修好を求めるものだったが、威圧的な内容であったために非礼であると判断し、朝廷は国書を受理もしなければ返事もしないと決定した。

高麗の使者は帰国し、その結果を報告した。フビライは激怒し、高麗に兵1万人の徴集と1000隻の兵船建造を命じている。

ただし、これですぐに日本に攻め入ったわけではなく、その後も高麗を通じて日本への使者を何度も送っている。1271年には、度重なる交渉失敗に、元の女真人出身の高官である趙良弼《ちょうりょうひつ》が自ら使者となって渡日したが、日本は完全無視を決め込んでいた。

趙良弼は翌72年にも再来日し、1年ほど日本に滞在してその国情を仔細に観察した。その結果、「日本は山川が多いために広い田畑を開墾することもできず、日本を得ても富は増えない、渡海する危険性ばかりが多い」ということで、フビライに日本侵攻は意味がないと反対している。

ちょうどこのころ、先述した三別抄の討伐が終了し、高麗では反モンゴル勢力が一掃された。そこで、フビライは凱旋してきた元朝軍と高麗軍の将軍たちを招集して、日本遠征に関する御前会議を開き、そこで日本討伐が決定された。

会議には、三別抄討伐の元軍の主帥・忻都《ヒンドゥ》と、元将の洪茶丘《ホンタグ》、高麗軍の主将である金方慶《キムバンギョン》などが参加したが、日本討伐決定後、洪茶丘は「監督造船官軍民総管」として高麗に派遣され、大小戦艦・兵船900隻の建造を監督することとなった。

この洪茶丘はもともと高麗人であり、父親の洪福源《ホンボグオン》は高麗軍人であった。1231年にモンゴル軍が初めて高麗に侵攻してきた時、高麗の北部国境を防備していた洪福源は、いち早くモンゴル軍に投降して、侵略軍の協力者となったのだ。

そのような裏切り者であったために、後に洪福源は高麗王族の讒言《ざんげん》を受け、それが元で処刑されてしまう。そのために息子の洪茶丘は高麗を憎むようになったとされている。

成人してモンゴル軍の一員となった洪茶丘は、三別抄の反乱鎮圧などでの功績によってフビライの信頼を得るようになった。

その洪茶丘が造船の責任者として高麗に赴任したわけである。洪茶丘は、高麗に対して造船費用の負担や水手の提供など重い賦役を課している。

そのため、現在の韓国では、洪茶丘は、高麗人でありながらモンゴルに仕えて祖国を苦しめた「売国奴」として扱われている。

そして1274年10月3日、元・高麗連合軍は合浦から日本に向かって出発した。モンゴル人の日本征討都元帥・忽敦《クドゥン》を総司令官、洪茶丘を副司令官とする元朝軍と、金方慶の指揮する高麗軍の、総勢2万8000人の大軍が、戦艦・兵船900隻で襲来、対馬・壱岐を侵略し、10月20日、博多に上陸した。いわゆる元寇の1回目、「文永の役」である。

この時の元・高麗連合軍が対馬で行った虐殺はすさまじく、同時代に生きた日蓮はこう伝えている。

「去文永十一年（太歳甲戌）十月ニ、蒙古国ヨリ筑紫ニ寄セテ有シニ、対馬ノ者、カタメテ有シ総馬尉等逃ケレハ、百姓等ハ男ヲハ或ハ殺シ、或ハ生取ニシ、女ヲハ或ハ取集テ、手ヲトヲシテ船ニ結付《むすびつけ》、或ハ生取ニス、一人モ助カル者ナシ、壱岐ニヨセテモ又如是」（『日蓮書状』）

つまり侵略軍は百姓に対して、男は殺し、女は手の平に穴を穿《うが》ち、数珠つなぎに貫き通して船壁に並べ立てたという。

次に壱岐島に攻め入った時にも、同じようなことが起きた。日蓮の記述は「壱岐対馬九国の兵並びに男女、多く或は殺され、或は擒《と》らわれ、或は海に入り、或は崖より堕《お》ちし者、幾千万と云ふ事なし」となっているから、ここでも、戦闘員である武士だけでなく、非戦闘員である一般庶民の男女が連合軍の虐殺の対象となったことが分かる。

このような残虐行為を行ったのは、モンゴル人だけでなく、多数の高麗人も含まれていたことは言うまでもない。

もともと朝鮮人が事大する国のお先棒を担ぐことはよくあった。たとえば李氏朝鮮は明に対して忠誠を誓っていたものの、その後、清に責められて降伏した後は、清のお先棒を担いで、かつての宗主国である明の遺臣の掃討作戦を徹底的に敢行している。

そうした民族性は近代でもよく見られた。ベトナム戦争では、韓国はアメリカの要請で軍を派兵したが、その時の韓国軍の残虐さは有名で、村民虐殺はもちろん、現地ベトナム人女性を次々と強姦したため、韓国人の血を引く子どもたちが多く生まれた。こうした子どもたちは「ライダイハン」と呼ばれて、現在でも差別の対象となっている。

韓国は慰安婦問題で「無垢な少女が強制連行されて、無理やり慰安婦にさせられた」などと日本を批判するが、強制連行の証拠はいまだ一つもなく、朝鮮人の手によって娘が女衒《ぜげん》に売られたり、もともといた売春婦が慰安婦になったりしただけだった。

しかし、韓国軍によるベトナム女性の強制連行と慰安婦化は厳然たる事実なのだ。

高麗王朝の権力闘争から生まれた「弘安の役」

さて、この文永の役だが、日本の武士による激しい抵抗によって元・高麗連合軍はわずか1日で撤退を余儀なくされ、1回目の遠征は失敗に終わった。戦闘の大敗と撤退時の暴風雨で、元・高麗軍は兵力の大半を失って朝鮮半島に逃げ帰った。

この時の日本遠征は、たしかにモンゴルが主導したものであった。だが、2回目の「弘安の役」（1281年）は、高麗王が進言し、主導したものである。

しかも、高麗王がフビライに再度の日本侵略を提言したのは、自らの保身のためだけであった。どういうことか、説明しよう。

まず、文永の役の失敗の後、フビライはすぐに再び日本を攻めようとした。だが、当時は南宋を滅ぼしたばかりで、中国地域が安定していないということで、元の王朝内部では側近の耶律希亮《やりつきりょう》（チンギスハーンの腹心として名高い耶律楚材《そざい》の孫）などが反対し、一時中断となっていた。

一方、文永の役の直前に高麗王の元宗が死去したため、その子どもの世子諶が即位し、25代高麗王・忠烈王となった。前述したように、高麗の太子はモンゴル皇帝の一族から妃をもらうことになっていたから、降嫁した蒙古皇女も王妃となった。

しかし1276年12月、開京に駐在する元朝のダルカチ（総督）のもとに、一通の密告書が届いた。その内容は、忠烈王の前妃（高麗人）が女巫《ビンイン》（巫女）を使って、現在の王妃である蒙古皇女を呪い、また、王族の斉安公淑や将軍の金方慶ら重臣43名が謀反を企て、都を再度江華島に移して元朝に反抗しようとしている、という内容であった。

もちろんそれは事実無根の誣告《ぶこく》であったが、元朝のダルカチはその職務上、密告書をフビライに届けた。これにより、フビライは高麗王朝への警戒心を抱くようになり、高麗人が弓矢を持つことを禁じると同時に、高麗国内の武器のすべてを元軍の管理下に移管させるよう命じた。

さらに1年後の1277年12月にも、再び密告事件が起こる。高麗の将軍である金方慶に恨みを持つ3人の部下が、金方慶と彼の息子に謀反の企てがあると密告したのだ。密告を受けた元朝のダルガチは、金方慶を捕まえて厳しく取り調べたが、事実無根ということが分かり、金方慶は釈放された。

そこに割り込んできたのが、元高麗人だった洪茶丘である。再び金方慶を逮捕すると、凄惨な拷問を行った。しかしそれでも金方慶は最後まで「自白」しなかった。にもかかわらず、洪茶丘は金方慶に謀反の罪を着せて流罪にしてしまった。

しかも、洪茶丘はフビライに「金方慶は確かに謀反を企てた」という嘘の報告を行い、開京以南の要所に３０００の元軍を派遣するように要請した。高麗に対して恨みをもつ洪茶丘としては、高麗から自主権を完全に剥奪して元の直接支配にしたいと思っていたのだろう。また、フビライは、元高麗人が言っていることもあり、洪茶丘の言葉を信じるようになった。

その最中に、三度目の密告事件が起こるが、今度は忠烈王自身が疑惑の対象となった。その内容とは、忠烈王が主催する仏教法会《ほうえ》が、実は元朝とフビライに呪いをかけるための集会だというものだった。この密告を受けた洪茶丘はすぐに報告書をフビライに送り、自らも元の王朝・首都に行き、フビライに直接に報告したのだ。洪茶丘は高麗王室を完全に潰してしまおうという魂胆だった。恐らく、彼自身が高麗王になるつもりだったのだろう。

フビライは忠烈王に対して、来朝するよう命令した。ここで忠烈王は生きるか死ぬかの窮地に立たされた。もし弁明に失敗したら、その場で殺されるかもしれない。

元の首都にやってきた忠烈王は、フビライに対して懸命に身の潔白を主張した。だが、洪茶丘の言葉を信じているフビライには、それだけでは弁明を受け入れてもらえないこともわかっている。そこで忠烈王は、日本征伐の再開を提案して、自らの忠誠心をフビライに示した。忠烈王は次のように言った。

「日本は一島夷《いちとうい》のみ。険を恃《たの》みて庭《てい》せず。敢えて王師に抗す。臣自ら念《おも》う。以て徳に報ず

るなし。願わくば更に船を造り穀を積み、罪を声《せい》して討《とう》を致さん」（『高麗史』忠烈王世家）

要するに、忠烈王がフビライのために先頭に立って日本征伐を行うと宣言したわけだ。そして忠烈王がそれを申し込んだところで、フビライは密告の件は一切不問に伏すとし、「駙馬《ふば》高麗王」という文字の書かれた金印を彼に授けた。ちなみに「駙馬」というのはモンゴル皇帝の娘婿という意味だ。

忠烈王は帰国後、大急ぎで参戦準備を整え、艦船900隻、正規軍1万人、水手など1万5000人を用意し、さらには自ら「征収日本行中書省」の長官として、日本遠征の指揮にあたりたいとフビライに要請し、そして、その願いは受け入れられた。

1281年正月、フビライはついに出征命令を下し、同年5月に兵力4万人、戦艦900隻からなる元朝・高麗連合軍が合浦から出発した。対馬や壱岐を次々と占領し、再び博多に来襲、7月には南宋から徴収された10万人が合流し、総勢14万人の大軍が押し寄せた。

だが、この時も武士の反撃と「神風」のおかげで遠征軍は大敗、14万人の兵士のうち、大陸や半島に生還できたのはわずか3万人あまりだったとされている。

このように、2回にわたる元寇については高麗が進んで協力した。とくに、2回目については忠烈王の保身のために日本侵略を提案し、自他国ともに多くの犠牲者を生んだのである。

高麗王朝は、モンゴル帝国が支配するアジア秩序の中で安泰を保った。しかし1351年に、元朝に対する本格的な反乱（紅巾の乱）が起こり、元朝の統治基盤が揺らぐと、第31代高麗王の恭愍王《コンミンワン》（在位1352～74年）は1356年に元朝と断交し、奪われていた領土回復を目指した。

もちろん元はこうした態度に激怒し、1363年に高麗に攻め入ったが、これを打ち破ったのが将軍の李成桂であった。

そして、1368年には大陸で明王朝が建国され、元は中華の地から北方へと追われた。こうした情勢変化の中で、高麗王朝の内部では明王朝に傾斜する官僚たちが台頭してきた。彼らは李成桂と手を結び、王朝内での勢力を伸ばしていったが、権力をめぐって国王の王《ワン》禑《ウ》と対立、李成桂は恭譲王《コンヤンワン》を擁立して王位を奪い、王禑を処刑した。

だがその恭譲王も、1392年、李成桂に禅定《ぜんじょう》するという形で王位をはく奪、追放され、後に李成桂の命令で殺害された。

李成桂による高麗王朝の絶滅策は凄まじく、高麗王家の王氏一族は、女子供含めて島に流すと称して大きな船に封じ込められ、海に出たらこの船を沈めるなどして、根絶やしにされた。

こうして高麗王朝は滅び、次の李氏朝鮮の時代になる。恭愍王が元と断交したのは、当時のアジア情勢に即した「機敏な変わり身」ともいえる。とはいえ、高麗朝はモンゴル軍に完全支配されてきただけに、後ろ盾を自ら放棄したことで自壊することは避けられなかった。

朝鮮半島が、つねに大陸における各勢力の消長に左右されてきたことは言うまでもない。中華の主宰者が誰になるかによって、運命は大きく変わる。それは明から清への易姓革命の時もそうだったし、近代でいえば、北朝鮮における延安派と満洲派の権力闘争もそうだった。

戦後に建国された北朝鮮では、日韓併合時に中国共産党の本拠地・延安で抗日運動を行っていた延安派と、金日成ら東北の満洲で抗日運動を行っていた満州派が対立していた。

１９５０年からの朝鮮戦争で中国が介入してきた時には、延安派が力を持った。だが、53年に休戦協定が締結されて中国軍が朝鮮半島から撤退すると、満州派の金日成は延安派を粛清した。これにより中朝関係は悪化するが、朝鮮戦争で中国軍を率いていた延安派支持の彭徳懐《ほうとくかい》が失脚し、満州派とつながりのある林彪《りんぴょう》が国防部長になったことで、61年には中朝友好協力相互援助条約が結ばれることになった。

高麗王朝においてモンゴルの勢力が衰えた後に、明王朝派がモンゴル派を一掃したこととまったく同じ構図である。事大主義の朝鮮半島では、こうしたことが延々と続いてきたのである。

最初から最後まで一族の殺し合いだった李氏朝鮮

さて、高麗から王権を簒奪《さんだつ》した李成桂は、明を宗主国として忠実な朝貢国・属国となった。そして国名を明の初代皇帝である洪武帝（朱元璋《しゅげんしょう》）に決めてもらおうと、「朝鮮」と「和寧《わねい》」の二つの案を示したところ、洪武帝は前者を選んだ。こうして李氏朝鮮は洪武帝に国名を下賜してもらったのである。

しかしこの李氏朝鮮も、はじめから兄弟が血で血を洗う争いを繰り広げるという、まさしく「朝鮮半島らしい」歴史であった。

李成桂は、郷里の妻（郷妻）である第一夫人の韓《ハン》氏との間に6人、都の妻（京妻）である第二夫人の康氏《カン》との間に2人、計8人の王子をもうけた。韓氏は1391年に病没したので、李氏朝鮮の建国後、康氏が正式な王妃となっていた。

当然、跡継ぎ問題が浮上してくる。本来ならば、第一夫人の生んだ長男が選ばれるのであるが、長男はすでに病死していた。

康氏としては、自分の息子を世子に選んでもらいたい。彼女には芳蕃《バンボン》と芳碩《バンソク》という2人の息子がいたが、建国の功臣である鄭道伝《チョンドジョン》とも協力して李成桂を説得し、まだ11歳だった末子の芳碩を王世子とすることに成功する。

ちなみにこの鄭道伝は李氏朝鮮の農地政策や、斥仏崇儒（儒教を重用し仏教を排斥する）の思想、朝鮮における易姓革命の正当性理論などを構築し、李氏朝鮮の骨格をつくったともいえる人物だ。李氏朝鮮の建国以来、権力はこの鄭道伝に集中していたため、李成桂もその判断を是としたのである。

もちろん鄭道伝にしてみれば、神輿は軽いほうがいい。幼い王であれば、宰相として縦横に権勢を振るうことができるという打算があった。

だが、これを面白く思わないのが、前妻である韓氏の子どもたちだ。とくに五男の李芳遠《イバンウォン》の反発は大きかった。李芳遠は結構な傑物であり、李成桂が高麗に対してクーデターを起こす前に科挙試験に合格し、高麗王朝の官僚になっていた秀才で、しかも人望も決断力もある野心家であった。

李成桂が高麗王朝を乗っ取ったプロセスにおいて、李芳遠は非常に重要な役割を果たした。李成桂が禅譲を受けて王位につこうとした際、これに反対して激しく対立した鄭夢周《チョンモンジュ》という高級官僚・儒学者がいたが、李芳遠はこの人物を暗殺した。芳遠にしてみれば、自分こそ李氏朝鮮建国の功労者だという自負がある。

1396年に王妃の康氏が死去すると、最愛の妻を失った李成桂の落胆は大きく、病床に伏せるようになる。これを好機として芳遠はクーデターを決行、鄭道伝の一派が自分たち韓氏の王子を殺害する計画を立てたとして鄭道伝を処刑し、さらにその責任を芳碩に押し付け、世子を廃位して、同じく康氏の息子で兄である芳蕃とともに殺害した。

これが「第一次王子の乱」と呼ばれるものだが、太祖の李成桂がまだ生存中に、その息子が兄によって殺害されるという大事件が起こったのだ。こうした骨肉の争いは李氏朝鮮では何度も繰り返され、李朝末期には嫁と舅の争いにより王家が衰微し、王朝崩壊へつながったことは次章で述べる。李氏朝鮮は最初から最後まで内紛続きだった。

最愛の妻の子どもを一気に二人も失った李成桂は嫌気が差し、退位を決める。だが、クーデターの首謀者で最大の実力者である李芳遠は親族や家臣の反発を考慮して、子どものいない兄で二男の李芳果《バンカ》を王に推挙した。そうして李氏朝鮮の2代目国王・定宗《チョンジョン》（在位1398～1400年）が誕生したのである。もちろん定宗は単なる飾りものであって、実権はすべて李芳遠が握っていた。

しかし、これが面白くないのが、李芳遠の兄である四男の李芳幹《バンガン》だった。兄の自分を差しおいて五男の李芳遠が権力を掌握し、しかも王族の私兵を廃止しようとしている。身の危険を感じた李芳幹は1400年、都に軍を進めて李芳遠に対しクーデターを起こす。これが「第二次王子の乱」と呼ばれるものである。

しかし李芳幹の軍は李芳遠の軍に鎮圧され、李芳幹は流罪となった。また、これを見ていた定宗は、このままではいずれ自分たちも危ないと悟り、李芳遠に対して譲位を申し出た。こうして李芳遠は第3代国王・太宗《テジョン》（在位1400～18年）として即位したのである。

この時、引退した李成桂は、現在の北朝鮮に位置する咸興《ハムン》という地方に隠居していた。しかし儒教の国であるため、太宗としては親孝行を建前にしないといけない。いつまでも父親を辺境の地に置いておけない。都のソウル（漢城）に帰ってもらわなければ困る。

そこで太宗は李成桂に帰還を求める差使《チャサ》（使者）を送った。だが、李成桂はこの差使が送られてくるたびに彼らを殺した。

そこで韓国語で「咸興差使」という四字熟語が生まれた。行っても帰ってこない人、つまり行方不明者を指して使う熟語である。

「第二次王子の乱」の後、勝者の太宗・李芳遠とその息子である世宗の治世下では、朝鮮王朝に一定期間の安定が訪れていたが、朝鮮史上きっての名君と言われる世宗の時代が終わると、朝鮮お家芸の内ゲバが再燃するのである。

4代目の世宗が亡くなると王世子文宗《ムンジョン》（在位1450～52年）が5代目国王として即位したが、病弱のためにわずか2年あまりで亡くなった。6代目国王となったのは、文宗の息子でまだ11歳の端宗《タンジョン》だった。

当然ながらまだ政務はできないため、文宗は宰相の皇甫仁《ファンボイン》と金宗端《キムジョンソ》を輔弼《ほひつ》役に遺嘱していたが、これにより、この二人の権力が増大した。

ところが、4代目の世宗には長男の文宗以外にも、二男の首陽大君や三男の安平大君《アンピョンデグン》がおり、お互いにライバルで、なかなかの野心家であった。皇甫仁と金宗端は首陽大君に対抗するために安平大君に近づいたが、文宗が亡くなると1453年に、首陽大君が王位簒奪のためのクーデターを起こした。そして輔弼役の皇甫仁と金宗端を処刑、さらに安平大君も配流後に殺害し、実権を掌握した（癸酉靖難《きゆうせいなん》）。

そしてこのクーデターに参加した功臣たちを重用する一方で、端宗派の忠臣を処刑していった。１４５５年、端宗は王位を追われて上王となり、首陽大君は7代目国王・世祖に即位した。

ところがこの強引な王位簒奪に反発して、端宗の復位を画策する6人の文官グループがいた。しかし、その計画は事前に漏洩してこの6人は処刑され、さらには端宗の身分も魯山君、後に庶人へと落とし、寧越《ヨンウォル》に配流した上で処刑している。

しかも、その死体は川に投げ込まれた。その村の村長が浮き沈みしている死体を見かねて埋葬したが、このことが世祖に伝わると、村長の一家も皆殺しにされたという。

しかも、先述したように、世祖のクーデターに参加した功臣とその一族は後に勲旧派と呼ばれる一方で、端宗の復位を画策して処刑された6人の文官を理想とする文官らの士林派と、壮絶な内紛を繰り広げることになる。

こうして紛争の種がつねにばらまかれ続けるというのが、朝鮮半島の特徴なのである。

朝鮮史上の「奇観」となった士禍と党争

世祖の後を継いだのは18歳の息子、睿宗《イェジョン》（在位１４６８～69年）だったが、病弱だったため1年あまりで病死してしまった。次に、９代目国王として即位したのが世祖の孫にあたる成宗《ソンジョン》（在位１４６９～94年）であり、王位についた時はまだ13歳だった。しかし、この成宗は学識に優れ、好学の士でもあった。

もともと高麗時代から集賢殿という国家の研究機関があったのだが、世祖の時代に端宗の復位に加担したのがこの集賢殿の官僚や学者たちだったため、世祖は集賢殿を廃止していた。

成宗は集賢殿に似た役割の弘文館を設置し、書籍編纂を行い、地方の学者を登用して儒教政治を振興させた。そこには、世祖以来、勢力を伸ばしていた勲旧派を牽制する狙いもあった。

25年にわたり善政を敷いた成宗が38歳で死去すると、その長男である燕山君《ヨンサングン》（在位１４９４～１５０６年）が10代目国王として18歳で王位についた。

この燕山君は朝鮮王朝史上で類例のない暴君とされている。当初は貧民救済や書籍編纂、外敵侵入を防ぐ築城など、安定した政治を行っていたが、次第に悪行を働くようになり、全国から女性を集めては、享楽の場を次々とつくり、最高学府である成均館も妓生《キーセン》との淫蕩の場に変えられた。

また、このころから士林派と勲旧派との対立が表面化しはじめる。1498年には世祖の王位簒奪への批判文に関連して、勲旧派は士林派を弾圧、多くの処刑や追放処分がなされた。燕山君も口うるさい士林派の台頭を快く思っていないため、これを黙認した（戊午《ぼご》士禍）。

さらに、1504年、実母の死が奸計による賜死だったことを知った燕山君は、士林派、勲旧派を問わず成宗時代の功臣を次々と処刑し（甲子《こうし》士禍）、その2年後の1506年には燕山君の背徳的な行為を批判する功臣や民衆を大量粛清した（丙寅《へいいん》士禍）。

だが、あまりに苛烈な粛清に反発した勲旧派のクーデターによって燕山君は廃位されて失脚する。その後は異母弟である中宗《チュンジョン》（在位1506～44年）が11代目国王に即位し、儒教政治の回復のために士林派を重用した。しかし、士林派たちが急進的な政治改革を行ったために、既存の功臣らの反発を招き、1519年、勲旧派の讒言《ざんげん》によって無実の罪を着せられて多くの士林派が処刑・粛清された（己卯士禍《きぼう》）。また、その後も反逆事件などが相次ぎ、混乱が続いた。

1544年に中宗が薨去《こうきょ》すると、長男の仁宗《インジョン》（在位1544～45年）が王位についたが短命だったため、1945年に異母弟の明宗《ミョンジョン》（1545～67年）が13代目国王として即位した。

しかし、王位継承をめぐって、仁宗の外戚と明宗の外戚の間で権力闘争が起こり、1545年には仁宗の外戚および彼らに登用されていた士林派が殺害され、政権から追放されるという事件が起こった（乙巳《いっし》士禍）。このように、王の外戚も巻き込んで、党派争いはさらに激しくなっていった。

士林派は弾圧されながらも地方でしぶとく生き残り、明宗が死去して後を継いだ甥の宣《ソン》祖《ジョ》（在位1567～1608年）が儒学者を重用するようになると、老齢化の進んだ勲旧派の勢力が衰退して、士林派の名誉回復が図られ、中央政界で政権を握るようになった。

ところがそうなると、今度は限られた役職をめぐって、士林派内で分裂・対立が起こるようになった。これが「党争」（明党の争い）と呼ばれるものである。

一つの派閥の代表格が金孝元《キムヒョウオン》という文官で、彼の家はソウルの東にあったため、派閥に属する者は東人と呼ばれた。もう一つの派閥の代表格は明宗の外戚である沈義謙《シムウイギョン》で、その家はソウル西部にあったため、派閥支持者は西人と呼ばれた。

こうして東人と西人が権力争いを繰り広げたが、さらに１５９１年には東人は南人と北人に、１６８３年には西人も老論と少論に分かれ、党争はさらに激化した。これは朝鮮史上、四色党派と呼ばれる。

些細なことが党争の発端となり、たとえば、１６５９年に17代国王の孝宗《ヒョジョン》の王妃が死去した際には、仁祖の継妃の喪に服する期間を1年にするか3年にするかで西人派と南人派が揉め、えんえんと不毛な内紛を続けていた。もちろん、各時代の王がどちらを支持するかによって、敗者側には虐殺や追放といった処分が待ち受けていた。

国の存亡よりも「党争」の方が大事

宣祖の時代の１５９２年、いわゆる壬辰《じんしん》倭乱（文禄の役）、つまり豊臣秀吉による朝鮮出兵があった。これは晩年の秀吉が明を征服しようという誇大妄想を抱き、明の属国である朝鮮に服属を強要したものの、これを拒否されたために半島に攻め入ったともされているが、秀吉の意図はいまだに謎も多い。

秀吉が朝鮮半島に攻め入ってくる可能性があるといった話は、宣祖のもとにも届いていた。不安になった宣祖は1590年3月に使節を派遣して、情報を探らせようとした。

そこで派遣されたのが、正使の黄允吉《ファンユンギル》と副使の金誠一《キムソンイル》だった。両者は大阪城を訪問して、秀吉にも謁見している。

そして翌年3月に帰朝した2人は朝鮮国王に報告したが、黄允吉が「必ず秀吉は攻めてくるだろう」と述べたのに対して、金誠一は「そのような心配はない」とまで完全否定した。正副の使者で正反対の報告になってしまうわけだが、それには理由があった。

黄允吉が西人であったのに対して、金誠一が東人だったからだ。あくまで対抗意識から、両者は相手の意見を完全否定しなくてはならなかったのだ。しかも当時は東人政権であったため、意見に対立があった場合、西人の意見は取り入れられなかった。

こうして宣祖の政権は「秀吉は攻め入ってこない」という判断を下したのであるが、それが間違いであったことは後に判明する。

本来であれば情報を探り、事実関係を明らかにすることが使者としての務めであるはずなのだが、朝鮮側の使者はその役目も国益も無視して、とにかく党派の争いに勝つことばかりが重視された結果、備えのないままに秀吉軍に国土を蹂躙《じゅうりん》されることとなったのである。

ちなみに壬辰倭乱において亀甲船を建造し、日本海軍を苦しめた勇将・李舜臣《イスンシン》の名は日本でもよく知られている。韓国ではもちろん、ソウルに銅像が建てられ、現在の韓国海軍の駆逐艦にもこの名が使われているほどの英雄であるが、壬辰倭乱後、その功績と昇進を妬んだかつての上司である元均《ウォンギュン》一派の讒言と陰謀にあい、愚かな宣祖がそれを信じたことによって更迭され、死罪を宣告される。

しかし、日本との講和交渉の決裂によって、1597年から丁酉倭乱《ていゆう》（慶長の役）が始まり、また仲間の嘆願によって李舜臣は助命され、一兵卒として白衣従軍を命じられた。

その時の水軍統制使は元均だったが、無能な彼は豊臣軍に惨敗して朝鮮海軍は全滅、そして自らも戦死した。元均が死んだことで李舜臣は水軍統制使に再任されたが、劣勢を挽回することはできず、秀吉の死に伴い、日本軍が退却する途中での海戦において戦死した。島津兵の放った鉄砲の流れ弾に当たって死亡したともいわれている。

李舜臣を殺し、朝鮮海軍を潰したのもまた、内部の党争だったのだ。

宣祖は丁酉倭乱の約10年後の1806年に死去した。そして15代目の国王となったのが宣祖の第二子・光海君《クァンヘグン》である。この光海君も暴君で、燕山君同様に廃位に追い込まれたために「王」の諡《おくりな》がついていない。

壬辰・丁酉倭乱によって朝鮮の国土は荒廃したが、それでも党争は収まるどころか、ますます激しくなっていった。東人が南人と北人に分裂したことは先述したが、北人はさらに大北、小北に分裂していた。

光海君は大北派に乗せられ、大北派の敵対勢力である西人派を支持していた兄の臨海君《イムヘグン》、異母弟の永昌大君《ヨンチャンデグン》を謀反の罪で謀殺した。また、義母の仁穆大妃《インモクテビ》を廃して幽閉、母后の兄弟や父も殺害した（廃母殺弟）。

当時、ヌルハチが後金（のちの清）を建国（1616年）し、その勢力を拡大させていた。これに対して宗主国の明は李氏朝鮮に対して後金討伐の援軍を出すように要求。光海君は当初、これに難色を示していたが、朝廷内では壬辰・丁酉倭乱の時に援軍に来てくれた明に報恩すべしという声が高まり、光海君もしぶしぶ認めた。

だが、1619年に明の討伐軍は後金に惨敗し、朝鮮軍も降伏した。以降、朝鮮と後金は国書を交わすようになり、光海君も明と後金に対して等距離外交を行うようになった。

ところが1623年、弾圧されていた西人派の反転攻勢が始まった。西人派は仁穆大妃と光海君の甥の綾陽君《ヌンヤングン》を押し立ててクーデターを行い、光海君を廃位に追い込み、江華島に追放した。そして綾陽君を16代目の国王・仁祖に即位させた。

西人派は大北派を粛清し、それまでの明と後金との等距離外交を改め、崇明斥金へと転換したのだが、これが悲劇を生む。西人派が仁祖を擁立して崇明斥金に転じたことは、当然ながら後金の神経を逆なでした。

一方、1624年に西人派のクーデターの論功行賞に不満を持っていた李适《イグアル》が反乱を起こし、一時は首都まで占領したが、正規軍に鎮圧された。だが、その残党が後金に逃げ込んで、仁祖即位の不当性を訴え、朝鮮侵攻を進言した。

ヌルハチの後を継いだホンタイジはこれを好機として、光海君のための報復を口実に1627年、3万の軍隊で朝鮮に攻め入った（丁卯胡乱《ていぼうこらん》）。またもや党争によって国難がもたらされた格好である。

太刀打ちできなかった朝鮮は、後金と兄弟の盟約を結び、朝貢と官貿易を条件に講和した。だが1636年に後金は国号を清と改め、皇帝を称したホンタイジは、今度は朝鮮に対して属国として宗属関係を求めるようになった。しかし、明の属国としての誇りがある「小中華」にとって、女真族の清はあくまで夷狄であり、野蛮人であった。そのため、朝鮮側はこれを拒否した。怒ったホンタイジは、自ら12万の大軍を率いて、再び朝鮮に侵攻してきた（丙子胡乱《へいしこらん》）。

この大軍に対して抗うすべもなく、朝鮮はわずか1カ月で降伏、仁祖は臣下とともに漢江の三田渡《サムジョンド》に設営してあった清の宿営地に出向き、ホンタイジに対して三跪九叩頭《さんききゅうこうとう》の礼を行い、降伏した。

清は降伏の条件として、明との断交、清の明討伐時の援軍派遣、朝鮮王は清の皇帝に対して臣下の礼を尽くすこと、清に朝貢を行うこと、賠償金の支払いなどを約束させられた。そして昭顕世子《ソヒョンセジャ》とその弟の鳳林大君《ボンリムデグン》の2人の王子と臣下が人質として清の都の盛京（現在の瀋陽）に送られた。

さらに清は、朝鮮が清に反抗した罪とホンタイジの徳を忘れないようにと、1639年に大清皇帝功徳碑を建立させた。この碑は現在もソウルにあるが、「恥辱碑」と呼ばれている。

さて、1644年に北京に入城した李自成によって明が滅ぼされ、その直後に李自成が、清軍に北京を追われたことで、清王朝は中国の全国支配を始めた。

人質の昭顕世子も鳳林も清軍とともに北京に入ったが、明が滅んだ以上、清にとっては人質の必要性がなくなり、1645年に8年間の人質生活を終えて2人は朝鮮に帰国した。

ところがこの昭顕世子は人質期間にどういうわけか西洋の宣教師と付き合うようになり、西洋の文物とともにすっかり西洋かぶれになって帰ってきた。一方で鳳林大君のほうは、清に対する憎悪と敵意がむしろ増大していた。

清の女真族すら野蛮人と考えていた朱子学の塊である仁祖にとっては、昭顕世子の西洋かぶれは到底許されることではなかった。しかも仁祖は、この変貌は清王朝が昭顕世子を懐柔した証拠であると考え、自らが王位を交代させられるのではないかという猜疑《さいぎ》心も高まった。

昭顕世子は、帰国から2カ月後に怪死している。毒殺であった。これが仁祖によるものかどうかはわからないが、何者かに毒殺されたのは確実であった。『仁祖実録』には、全身が黒くなって、身体の七つの穴から血が流れ出たという記録が残されている。

この死因について、臣下たちは昭顕世子の治療担当医官の審問を要請した。しかし、仁祖はそれを許さなかった。しかも、納棺も葬儀も一部の側近だけで済ませてしまった。そういう状況から見ても、仁祖が主導した疑いが濃厚なのだ。

そして、仁祖は多くの臣下が反対を押し切って、鳳林大君を世子に立てた。儒教世界では、長男の世子が死んだとしても弟が跡継ぎになるのではなく、次の世子は死んだ世子の子供（長男）が継ぐことになっていた。そして、昭顕世子には3人の息子がいたのだ。にもかかわらず、昭顕世子の長子を次期世子にしないことは、儒教のしきたりから外れていた。逆に言えば、そこまで仁祖の不安は大きかったということだろう。

それでも安心できない仁祖は、1年後、死んだ昭顕世子の妃である姜嬪《カンビン》を賜死させ、さらに昭顕世子の3人の子供、つまり仁祖にとっての孫を済州島に流し、後に長男と次男を殺害した。

もちろん、その背後には明への事大を諦めきれない西人派の存在がある。

このように、仁祖は清に三跪九叩頭を強いられたという、韓国人にとっては屈辱このうえない王であると同時に、自らの息子と孫を殺したということで韓国では非常に評判が悪いが、よく考えてみれば、仁祖のやったことは単に、朝鮮王朝の悪しき伝統をそのまま受け継いだだけではなかったか。

第四章
現代も続く同じ民族同士の死闘と殺し合い

小さいことで分裂と党争を繰り返す両班

第三章では、古代の高句麗から後世の李氏朝鮮16代目国王仁祖までの、朝鮮民族の内ゲバと殺し合いの歴史を駆け足で見てみたが、もちろん、肉親殺しの「名人」である仁祖以後も、朝鮮王朝お家芸の内ゲバはさらに続いた。

１６４９年に仁祖が死去すると、鳳林大君は第17代目の国王・孝宗《ヒョジョン》（在位１６４９～59年）として即位した。清の討伐を目指して軍備拡充に動いた孝宗だが、かえって清に利用され、南下するロシア勢との戦いに参加させられただけに終わった。

次の顕宗《ヒョンジョン》（在位１６５９～74年）の時代には、父親の孝宗が次男であるにもかかわらず王位についたことの正統性と、前述したように、仁祖の継妃の慈懿大妃《チャウイデビ》の服喪期間について、西人と南人での論争が起こった（礼訟《れいしょう》）。

そして顕宗の世子である粛宗《スクジョン》（在位１６７４～１７２０年）が19代目の国王になると、この西人・南人による党争はさらに激化、加えて西人が老論と少論に分裂して新たな党争が起きたことはすでに述べた。

粛宗は西人を味方につけて南人を政権から追放するなど、ある党派を支持して別の党派を完全に追い出す「換局政治」を繰り返し行い、王権を復活させていった。

しかし、それも粛宗の治世だけにとどまり、以後は再び党争が繰り返されることになる。20代目の国王の景宗《キョンジョン》（在位１７２０～24年）の時代には老論が力を持っていたが、老論が景宗の暗殺を企てているという密告により老論は没落し、少論に権力が移った。だが景宗は35歳で急死してしまう。老論の両班に暗殺されたとも言われている。

景宗には子どもがいなかったため、弟の英祖《ヨンジョ》（在位１７２４～76年）が21代目の国王として即位した。

この英祖は李氏朝鮮の国王の中で在位期間がもっとも長く、もっとも長生きした国王でもある。景宗の死後に即位した当時、老論と少論の党争が激化し、身の危険すら覚えた英祖は、老論を重用して少論を追い出したが、これに危機感を覚えた少論が武力で英祖と老論の追放を画策していることが発覚、そこで英祖は、主要な地位に老論と少論を一緒に登用して、互いに牽制させる策を導入した。

その後、英祖の健康状態が悪化したため、世子の荘献《チャンホン》が代理聴政をとるようになったが、老論と英祖の2番目の王妃であり老論を支持する貞純王后《チョンスンワンフ》が画策し、英祖とその世子を離間させたため、2人は対立し、結果、荘献は世子廃位となり、米びつに閉じ込められて餓死した（壬午士禍《じんご》）。

後にこれを悔やんだ英祖は、荘献の息子を王世孫に冊立《さくりつ》（勅命で定めること）した。これが22代目国王の正祖《ジョンジョ》（在位1776〜1800年）である。正祖は父を死に追いやった老論を憎み、老論勢力の排除と弱体化を画策した。

だが、これを支持する南人と少論および一部の老論派の臣下たちは時派を、そして老論派臣下たちが僻《へき》派を形成して、新たな党争が開始されるようになった。

正祖は王権強化のためにさまざまな改革を行ったが、1800年に病死する。正祖の長男はわずか5歳で死去していたため、次男が23代目国王・純祖《スンジョ》（在位1800〜34年）として10歳で即位する。

しかしまだ幼少であったため、英祖の妃で英祖と荘献世子を離間させた張本人である貞純王后が摂政となり僻派が主流派となった。さらに貞純王后の本貫《ほんがん》（氏族）である安東金《アンドンキム》氏《シ》が権力を握るようになる。

そして純祖の妃として決められたのも安東金氏を実家とする純元《スンウォン》王后《ワンフ》であった。日に日に権勢が強くなっていく安東金氏を牽制するため、純祖は趙万永《チョマンヨン》ら豊壌《ブンヤン》趙《ジョ》氏《シ》の一族を重用し、息子の孝明《ヒョンミョン》世子《セジャ》の妃には趙万永の娘を選んだ。だが、孝明世子は22歳で死去し、世子は孝明世子の息子に継がれ、純祖の死後に24代目国王・憲宗《ホンジョン》（在位１８３４～49年）として8歳で即位した。

この時代、安東金氏と豊壌趙氏の権力争いが激化し、新たな権力闘争へと発展した。同時に、西欧列強が朝鮮半島にしばしば現れ、通商と門戸解放を要求するようになった。だが、権力闘争に明け暮れていた朝鮮は、相変わらず国際情勢に暗いままであった。

権力闘争の渦中にあった憲宗は国王として何もできないまま、23歳で死去している。

憲宗には子どもがいなかったため、純祖の王妃だった純元王后は英祖が米びつで餓死させた荘献世子のひ孫にあたる徳完君《ドクワングン》を擁立、25代目国王・哲宗《チョルジョン》（在位１８４９～63年）として即位した。そして純元王后は、哲宗が政治に対する知識がないということで垂簾《すいれん》政治（皇太后や皇后などの女性が王に代わって政治を行うこと）を行った。

これによりすべての権力が安東金氏による勢道政治に集中することになる。そのため国内では腐敗が蔓延し、いわゆる田政（地税）・軍政（兵役）・還政（政府保有米穀の貸与制度が高利化したもの）の三政の紊乱《びんらん》が起き、農民への収奪がひどくなった。また、洪水や日照りによる飢饉も頻発、民衆の反乱も全国で繰り返され、万民平等を掲げるカトリックの東学思想が広がっていった。

一方、自分が政治権力を行使できないことを悲観した哲宗は酒色にふけり、33歳で後継者もいないまま死去した。

この時、安東金氏から権力を奪い返そうとしていたのが憲宗の母で孝明世子の妃であった神貞王后《シンジョンワンフ》（趙氏）であり、仁祖から数えて8世孫である傍系の興宣大院君《フンソンデウォングン》と謀って、その子供である11歳の高宗を26代目国王（在位1863～97年）に即位させた。

もちろん、まだ子供ということで、父親である興宣大院君が摂政となり、権力を一手に握った。

朝鮮の近代化を潰した嫁と舅の殺し合い

興宣大院君（大院君）は極度の排外思想の持ち主であった。当時、東アジアへは列強勢力がしきりに来航してきていた。そしてキリスト教を布教し、さらには開国を迫ってきた。日本にも、1853年にペリー率いるアメリカ海軍の艦船（黒船）が来航している。

だが、大院君の思想は「衛正斥邪」であり、極めて排外主義が強かった。前述したように「衛正」とは、中華の儒教や華夷秩序などの「正しいもの」を守ることで、「斥邪」とはキリスト教や西洋文明のような「邪道」を排斥するという意味である。

大院君は西欧諸国を夷狄視しており、朝鮮半島にやってきた外国の宣教師や商船に対して、弾圧や攻撃を加えるようになる。

1866年には9名のフランス人カトリック宣教師と8000人もの信者を虐殺した（丙寅教獄《へいいんきょうごく》）。これに対して、フランスは極東艦隊によって江華島を攻撃したが、朝鮮側はこれを撃退した（丙寅洋擾《ようじょう》）。

また同年には、アメリカの商船ゼネラル・シャーマン号が朝鮮に来航して開港を求めたが、大院君はこれを拒否。ゼネラル・シャーマン号を焼き討ちして、乗組員を全員虐殺した。これに対してアメリカも東洋艦隊を派遣したが、これも朝鮮軍は撃退している（辛未《しんみ》洋擾）。

この2回の戦いに勝利したことで興宣大院君は自信を深め、全国に「斥和碑《せきわひ》」（鎖国政策を死守する意志を示す碑）を建立している。

一方、日本は東アジアでいち早く開国して維新を成し遂げ、1868年には明治政府が成立、日本は新政府になったことを朝鮮に知らせるため、国書を送った。

しかしその国書には「皇上」や「奉勅」といった、中華王朝の皇帝にのみ許される言葉が入っているということで、朝鮮側は受け取りを繰り返し拒否した。

大院君は夷狄相手に国を開いた日本を蔑んでおり、「禽獣と化した日本人と交わる朝鮮人は死刑に処する」という布告まで出している。

こうした朝鮮側の非礼に日本の朝野は沸き立ち、征韓論が噴出した。それはやがて、西郷隆盛や板垣退助ら征韓派と、大久保利通や岩倉具視など反対派との対立へと発展、征韓派の下野により西南戦争や自由民権運動へとつながっていくのである。

列強の東アジア侵出という国際情勢の変化のもと、否応なく対応し、維新を成し遂げた日本と、あくまで中華帝国の属国として中華秩序の下にあり続けようとした朝鮮とでは、大きな意識の隔たりがあった。

大院君の妻は驪興閔氏《ヨフンミンシ》出身だったが、妻の推挙もあって、1866年、息子の高宗の王后には同じ驪興閔氏出身の15歳の娘が選ばれた。それが閔妃《ミンビ》である。閔妃の家庭は貧しく、両親もすでに亡くなっていたが、聡明であり評判も良かったために、大院君の眼鏡にかなったわけだが、一方で安東金氏の影響力を排除するという目的もあった。

しかし高宗は酒色にふけってばかりいる暗愚な王で、しかも当時は宮女の李尚宮《イサングン》を気に入っており、閔妃は顧みられなかった。1868年には李尚宮の間に長子・完和君《ワンファグン》が生まれる。高宗は当時16歳であった。祖父である大院君はこれを喜び、世子にしようとしたが、正室である閔妃にとってそれは到底納得できることではなく、それまでの不満と嫉妬が爆発した。

閔妃は大院君に対して不満を持つ勢力を密かに糾合し、高宗が成人した後の1873年、儒学者の崔益鉉《チエイクヒヨン》を動かして国王に対して大院君の攘夷鎖国策を糾弾させた。これにより大院君は摂政の座を降ろされることとなった。閔妃は大院君系列の家臣らを処刑、追放して一掃すると同時に、閔氏一族を政権の高官につかせた。

その一方で、同年には閔妃の宮殿に爆弾が仕掛けられて爆発事件が起こるなど、不穏な空気が宮廷内を覆うようになる。

閔妃は1874年に念願の男子・李坧《イチョク》を出産。王世子をめぐって李坧を推す閔妃派と完和君を推す大院君派とのあいだで対立はますます激化していったが、閔妃は宗主国である清に使者を派遣し、李坧を世子として承認してもらうことに成功する。

閔妃は大院君の行ってきた政策をことごとくひっくり返し、開化政策へと転換した。そして、日本とは1876年、アメリカとは82年に修好条約を結んだ。

一方で、李坧を世子として冊封するために莫大な資金を乱費した。世子の健康と王室の安泰を祈るために「巫堂《ムダン》ノリ」という呪術を連日行わせ、さまざまな寄進を行った。その額は国庫の6倍以上にも及んだとされる（崔基鎬・前掲書『韓国 堕落の2000年史』）。

宮中では閔妃への賄賂が横行するなど腐敗が蔓延していた。そのため、民衆に対する官僚の搾取はますます厳しいものになったという。

閔妃は日本にならって軍の近代化にも着手した。西洋式の最新装備で武装した「別技軍」をつくり、日本から軍事教官も招いた。別技軍は優遇されて地位も待遇も良かったが、旧来の軍隊は放置された。閔妃の浪費によって国家財政が圧迫されたこともあり、旧式軍隊には1年近くも給料（俸給米）が支払われない状態であり、たまに支払われる俸給米には水増しのために砂が混ぜられていることもあった。

そのため旧軍の兵士の不満が爆発、1882年7月に「壬午《じんご》軍乱」と呼ばれる暴動を起こし、閔妃一族の高官の屋敷を襲った。同時に反乱軍は、自分たちの後ろ盾として、反開化派である大院君を頼った。大院君も、この騒動に乗じて閔妃からの権力奪取を目論み、両者の利害は一致した。

立教大学名誉教授の山田昭次氏は共著『近現代史のなかの「日本と朝鮮」』（東京書籍）において、この時大院君は兵士の指導者に対して、王妃の処分、閔妃一派の殺害、日本公使館や別技軍の訓練所を襲撃して日本人を追放、殺害することなどの密計を授けたと見られている、と記述している。

その結果、反乱兵士たちによって日本公使館は焼き討ちされ、日本人教官の堀本禮造《れいぞう》を含めて13人の日本人が殺害されたという（長田彰文『世界史の中の近代日韓関係』慶応義塾大学出版会）。

このようにして朝鮮王朝内部の権力闘争は外国人まで巻き込み、何の罪もない日本人教官の命を奪うこととなった。

反乱兵士たちは、もちろん閔妃のいる昌徳宮にも殺到した。だが、事前に危険を察知した閔妃は、多くの宮女にまぎれて宮殿から逃げ出し、身を隠した。そして高宗を通して清に密書を送り、朝鮮での反乱軍鎮圧を清に要請した。これまで述べてきた、朝鮮人自ら外国勢力を朝鮮半島に招き入れるというお決まりのパターンである。

清は李鴻章《りこうしょう》配下の袁世凱《えんせいがい》を派遣し、またたくうちに軍乱を鎮圧。権力の座に返り咲いたかのように見えた大院君は、袁世凱の清軍によって拘束され、天津へと連行されていった。

こうして高宗・閔妃の政権が復活したことで、朝鮮は日本に謝罪、その結果、日朝の間で賠償金や公使館警備のための日本の軍隊駐留を認めた済物浦《さいもっぽ》条約が締結される。

だが、清の力によって権力を取り戻した閔妃一族は、次第に日本よりも清に頼り、事大の姿勢を強めていくようになる。このように自らの権力維持のために、その時々で頼る外国を変えるというのは、朝鮮半島ではよく見られるものである。

朴槿恵前大統領が巨大な市場を狙って中国にすり寄り、習近平主席とともに反日的な批判を繰り返し、最後は腐敗によって失脚した様は、この閔妃にそっくりである。

袁世凱は朝鮮王朝の監国大臣になって朝鮮の内政と外交を支配し、３０００人の清軍を首都の漢城に駐留させた。これは李氏朝鮮の歴史上、初めてのことであった。同時に、この3000人の清軍の存在は、日本にとっても脅威となった。

軍乱後、清はますます朝鮮の支配を強めていった。これに対し、朝鮮の宮廷内では二つの政治勢力に分かれて、互いに争うようになる。

一つは、清に従うべきだとする閔妃一派を中心とした勢力「事大党」（親清派）であり、もう一つは清への隷属関係から脱し、日本の明治維新をモデルに近代化を実現すべきだと主張する「独立党」である。

独立党の中心人物は金玉均《キムオッキュン》という若手官僚で、科挙試験において状元（首位）として合格した秀才であった。彼は日本への留学経験があり、福沢諭吉とも親交があった。

金玉均は清が大院君を天津へと拉致した、あまりにも傍若無人な内政干渉に憤激しており、清の打倒を目指していた。そしてそのためにも親清派の閔妃一族を排除することが不可欠だと考えていた。

そこで金玉均は志を同じくする若手官僚らとともに、1884年12月に政変を起こす。彼らの計画は、漢城に駐留する日本軍の力を借りて閔妃一派を一掃し、高宗を担いで政権中枢を一気に掌握するというものであった。

ちょうどその時、清はフランスとの間でベトナム領有をめぐる戦争の真っ最中であり、漢城に駐留していた3000人の清軍のうち半分が引き揚げていた。

そこで金玉均はクーデターを敢行した。郵便局開局の祝賀パーティに乗り込んで閔妃政権の高官を襲い、日本兵150人とともに高宗のいる景祐宮を占領し、事大党の大臣らを処断、新政権の樹立と清との宗属関係の廃止を宣言した（甲申《こうしん》政変）。

だが、これに対して閔妃から要請を受けた1500人の清軍および朝鮮王朝軍が出動、衆寡敵せず日本兵は敗北し、撤退した。また、清軍は多くの日本人居留民も殺害した。

新政権もわずか3日で崩壊し、独立党は一掃される。金玉均は日本に亡命した後に上海に渡ったが、閔妃の刺客に暗殺され、その死体は朝鮮に運ばれてバラバラにされた。

改革派に対して行われた残忍な処刑を知った福沢諭吉は、いつまでも清の属国であり続け、改革ができない朝鮮半島の現状に絶望し、「脱亜論」を書いたとも言われているが、その時点で、朝鮮半島における近代化の可能性は、すでに朝鮮人自身の手によって完全に潰されていた。

第二次大戦後に高まった朝鮮統一の機運

その後、朝鮮半島の内紛と停滞はさらに二十数年以上も続いたが、半島の近代史がその最大の転換点を迎えたのは1910年の日韓併合である。日韓併合までの経緯に関する記述はここでは省略するが、本書の第二章で記している通り、朝鮮半島の近代化は日韓併合の後で本格的に始まり、朝鮮は日本の植民地統治下において産業や教育の近代化を実現でき、長年の遅れを取り戻すことができた。

ある意味では、1910年から45年までの35年間、日本統治下の朝鮮こそ、それまでの半島史上もっとも安定して繁栄した時代であったが、1945年に日本が敗戦して朝鮮が「独立」してから、半島における内紛と内戦の歴史が再び始まった。

第二次大戦後の朝鮮史で最大の出来事は、現在も続く南北分断である。しかし1945年に日本による朝鮮半島の植民地支配が終焉した時、朝鮮が分断されたわけではない。この年の8月15日、日本政府がポツダム宣言を受諾して降伏した直後から、日本の朝鮮総督府は治安維持など警察権を、朝鮮建国準備委員会に委ねて、半島全体の統治権を朝鮮人自身の手に返したはずである。

問題は、日本降伏の直後、外国軍が朝鮮半島に攻め入ってきたことから始まる。まず旧ソ連軍が8月16日以降、満州から朝鮮半島に大挙して侵攻し、北緯38度線の以北を制圧した。

それに遅れて、9月初旬にはアメリカ軍も仁川に上陸し、38度線以南の地域を占領下においた。38度線はもともと、日本降伏以前に米ソ両軍が協議した結果、両国が朝鮮に進攻・進駐した際に、衝突を避けるために引いた軍事境界線である。

日本の降伏後、米ソ両軍はこの協議に従って、38度線を境界にして朝鮮の北部と南部をそれぞれ占領した。それこそが、朝鮮の「民族分断」を作り出した最大の原因であり、朝鮮戦争発生の遠因ともなった。

しかし、その後の歴史の展開を詳しく見れば、朝鮮半島の「民族分断」を作り出した唯一の原因が米ソ両軍の「分割占領」であったとは、必ずしも言えない。民族分断と悲惨な戦争の直接の原因は、むしろ当時の朝鮮人自身よって引き起こされていたのである。

この問題に関して、ソウルの成均館大学の李命英《リミョンヨン》教授はその著書『権力の歴史』（世界日報社）において、「単に米ソ両国の戦略的利害が相反したために、国土分断の悲劇があったのではない。朝鮮民族自体の内部がまず分裂していたのである」と断じていたが、その「民族内部の分裂」について、李教授はさらに次のように説明している。

「(朝鮮の)民族主義者や共産主義者はみな同じく抗日闘争をしたといいながらも、基本的な理念と路線の差異のために共同戦線を構築できなかった。それだけでなく、互いに敵対関係にあったという歴史的事実の中に、われわれは1945年の国土分断の民族内的要因を見ることができる」

つまり李教授からみれば、戦後の分断を作り出した一因に、「民族的要因」があったことは、歴史的事実なのである。したがって、朝鮮人自身も「民族分断」に一定の責任を負うべきという議論が必然的に導かれるが、実は本書の視点からすれば、当時の朝鮮の「民族主義者」や「共産主義者」の無責任な行動こそ、「民族の分断」だけでなく、朝鮮戦争をもたらした直接の要因だったのではないか、と指摘できるのである。

それは一体どういうことなのか。話は1945年12月、モスクワで開かれたアメリカ・ソ連・イギリスの三国外相会議にさかのぼる。

38度線を境界線に南北朝鮮の分割占領を完成した後、今後の朝鮮をどうするかについて、当事者のアメリカとソ連が、第三国のイギリスを交えて開いたのが、この三国外相会議である。

第二次世界大戦中、連合国首脳が終戦後の「朝鮮問題」に初めて触れたのは、1943年11月に、米・英・中三カ国首脳によって発表された、カイロ宣言である。ここでは日本の植民地支配から解放された後の朝鮮の処遇について、「三大国は朝鮮の人民の奴隷状態に留意し、やがて朝鮮を自由かつ独立のものたらしむるの決意を有す」と述べ、朝鮮独立への支援を国際的に公約した。後にソ連のスターリンも、この宣言の主旨を認め、朝鮮の独立の保証が四大国の共通した認識となった。

ただし同じカイロ宣言では、終戦後の一定期間、朝鮮半島をまず米・ソ・英・中の四大国の「信託統治」下に置くという考えが示され、「適当な手続きと時期」を経て、朝鮮を独立させることがカイロ宣言で文書化された。

この「適当な手続きと時期」という曖昧な表現が、後になって問題を発生させる元凶となったのである。

米ソ両軍による朝鮮の分割占領後、両国とも、カイロ宣言の定めにしたがって、それぞれの占領地域において軍政局や民政局を設置して「信託統治」を始めたが、1945年12月に開かれた米ソ英三国外相会議は、「信託統治」が終わった後の朝鮮の未来を決める、重要な会議となった。

会議はその初日に、「独立した朝鮮政府の樹立のための朝鮮統一行政府の創設」を議題として採択してから、協議に入った。要するに三国外相会議は当初から、朝鮮の独立だけでなく、「統一行政府の創設」による朝鮮の統一をも視野に入れていたのである。

そして協議を経た12月27日、三国の合意として「モスクワ協定」が発表された。朝鮮問題に関する内容は概ね下記の通りである。①朝鮮人が独立国家を建設できる条件を作るため、朝鮮に民主臨時政府を樹立する。②朝鮮の民主臨時政府樹立のため、米ソ占領軍司令部の代表たちで構成される共同委員会を設置する。③共同委員会は自らの提案を出し、朝鮮の民主臨時政府と協議する。④米・ソ・英・中による朝鮮の信託統治は5年間を期限とすること。

この協定で示された構想を短くまとめると、まず朝鮮人自身の臨時政府を設置し、一方では米ソによる共同委員会も作っておく。そして5年間の信託統治下で、臨時政府と共同委員会との「協議」によって朝鮮の独立と統一を実現させていく、というものである。

その際、臨時政府がきちんと設置できるかどうか、米ソの共同委員会がうまく機能するかどうかが、この「朝鮮統一構想」を実現させる前提条件となっていた。

もちろん、米ソのこの構想が実現して、手続きにしたがって独立と統一を勝ち取っていくことこそ、朝鮮民族の本来の悲願を達成する、もっとも現実的な道だったわけだから、彼らは双手を挙げて歓迎すべきだったのだ。

しかし、朝鮮の独立と統一を目指すこの協定の内容に対して、真っ先に反対の声を上げたのが当の朝鮮人であったことを、彼らを「解放」してあげたはずの、米ソを含めた外国人の誰が予測できたであろうか。

「国土分断の悲劇」を生んだ「民族内部の分裂」

当時、米ソ両国の信託統治下の南北朝鮮の政治状況は、以下のようになっていた。

ソ連統治下の朝鮮北部では、まず1945年10月、共産主義者によって「朝鮮共産党北部朝鮮分局」が組織された。主要メンバーには、中国共産党の指導下にあった「延安派」、ソ連国籍を持つ「ソ連派」の共産党員や、中国の満洲でいわゆる「抗日闘争」に参加した後、ソ連に逃げて、ソ連極東軍の指揮下に入った「満洲派」の人々がいた。彼らはソ連軍の北朝鮮占領の直後、朝鮮に送り込まれた、ソ連の影響下にある人物ばかりであった。

その中心人物こそ、満洲で中国共産党員として活動した後、ソ連へ行き、ソ連極東軍の将校となった金日成《キムイルソン》である。彼は1945年12月に開かれた朝鮮共産党北部朝鮮分局第三次拡大執行委員会で「責任書記」に就任したため、その後の北朝鮮共産党政権は「金日成政権」となった。

一方、アメリカ統治下の朝鮮南部では、状況はやや複雑であった。1945年8月15日の日本降伏直後から、呂運亨《ヨウニョン》という左翼民族主義者が中心となって、ソウルに朝鮮建国準備委員会を作り、日本総督府と協力しながら治安維持にあたった。この年の9月、米軍がソウルを含めた朝鮮南部を占領下におくと、呂運亨たちは直ちに朝鮮人民共和国の樹立を宣言した。

しかしそれと同時に、呂運亨らと対立する右翼民族主義者の宋鎮禹《ソンジヌ》が、韓国民主党を樹立し、戦時中に中国で設立された「大韓民国臨時政府」こそが、正統な政府であると主張した。前述の李命英教授のいう「民族の分裂」が、まさにここから始まったのである。

宋鎮禹はさらに、左派の呂運亨と建国準備委員会を中傷する情報を、アメリカ民政局に流した。その結果、アメリカ側は呂運亨らに強い警戒心を持ち、彼らの「樹立」した朝鮮人民共和国をいっさい認めようとしなかった。朝鮮人の足を引っ張るのはいつも彼ら自身であるが、この場合も、朝鮮民族の未来がまさに決められていく肝心な時に、彼らが真っ先に熱中したのはやはり、お互いの足を引っ張り合う内ゲバの死闘であった。

その後、宋鎮禹らが「正統」を主張する、大韓民国臨時政府の主席である金九《キムグ》が、中国の重慶から帰国して、ソウルに入った。さらに臨時政府のもう一人の主要人物である李承晩が、滞在先のアメリカから帰国した。この二人とも「反共右派」の立場の民族主義者であるから、アメリカ軍政局は、左派の呂運亨よりも彼らを信頼して、支持する方向へと傾いた。

しかし米軍政局が予測しなかったことは、アメリカも参加した「モスクワ協定」に対して、猛烈に反対したのがこの右派グループの人々であったことだ。最大の反対理由は、協定で定められた5年間の「信託統治」が「民族に対する侮辱」であるというもので、彼らはモスクワ協定全体に対しても否定的な態度を取った。

右派勢力は李承晩・金九を中心に「非常国民会議」を招集して、いわゆる「反信託統治運動」を展開していった。１９４５年12月31日、ソウルの東大門運動場で反信託（反託）決起大会が開かれると、ソウル市内の商店はほとんどが店を閉め、大きな人波が作られたという。

逆に、信託統治とモスクワ協定に賛成する立場をとったのは、アメリカ軍政局から嫌われていた呂運亨ら左派グループであった。呂運亨は朝鮮南部で活動する共産党の朴憲永《パクホニョン》らと連携して、「民主主義民族戦線」を結成し、「反信託運動」に対抗した。こうして、モスクワ協定を受け入れるべきかどうかを最大の争点に、同じ民族同士が左右両派に分かれて、「内ゲバ」のような激しい政治闘争を展開していくことになってしまったのである。

その時の様子について、韓国仁川大学総長・韓国政治学会会長を歴任した金学俊《キムハクジュン》氏は著作の『朝鮮戦争　原因・過程・休戦・影響』（論争社）においてこう記している。

「この左右闘争は、理念闘争に権力闘争が結合して、激烈なテロリズムが動員され、時には事実上、内戦に近い様相さえ見せた」と記しているが、モスクワ協定が目指した朝鮮の「独立と統一」が実現する前から、彼ら自身の「内戦」がすでに始まっていた状況だったのである。

こうなると、モスクワ協定の当事国である米ソにとって、もはや、「朝鮮の独立と統一」を語るどころの情勢ではなくなった。1946年3月20日から5月8日まで、協定にしたがって第一次米ソ共同委員会がソウルで開かれたが、会議は最初から最後まで、朝鮮人同士のいがみあいと内部紛争に翻弄される形で進んだ。

当時、米ソ両国は朝鮮民主臨時政府の樹立を優先課題としながらも、ソ連が臨時政府から李承晩・金九などの右派勢力を排除するよう主張したのに対し、アメリカは逆に、左派勢力による臨時政府支配を阻止しなければならないとの立場をとった。つまり、共同委員会の本来の議題である「朝鮮の独立と統一」に入る前に、米ソ両国はまず、同じ民族で内部対立を繰り広げる左派勢力と右派勢力にどう対処するかで対立し、紛糾する羽目に陥った。

その結果、米ソ共同委員会は半歩も前進できぬまま、5月8日に無期限休会状態に入ったのである。

金学俊著・前掲書の言葉を借りれば、この5月8日こそが朝鮮のその後にとっての「決定的な分水嶺」となったが、共同委員会が何の成果もあげられずに休会状態になったことは、朝鮮に独立と統一をもたらす最大の機会が失われたことを意味する。

もちろん、この機会を潰したのが朝鮮人の内紛であることは明らかだ。前述の李命英教授が、朝鮮の「国土分断の悲劇」を作り出した要因の一つとして「民族の分裂」を指摘していたのは、まさに慧眼《けいがん》というべきではないか。

対立する二つの半島国家、そして朝鮮戦争へ

このようにして朝鮮統一の実現が遠ざかると、北と南朝鮮の両方で「単独政権」樹立の動きが加速することとなった。

まず北朝鮮の方では、1946年2月に北朝鮮臨時人民委員会が組織され、金日成が委員長に収まった。臨時人民委員会は樹立早々、北朝鮮全土で土地改革の実施に手をつけるなど、政権としての政策を施行していった。この年の7月22日、「北朝鮮民主主義民族統一戦線」が結成。そして8月になると、金日成を責任書記とする「朝鮮共産党北部朝鮮分局」が他の左派政党を吸収する形で、北朝鮮労働党が結成されたのである。

朝鮮共産党の一分局が「北朝鮮労働党」に昇格したことは、北朝鮮単独の政権党が結成されたことを意味する。北における単独政権誕生の基盤が、これで出来上がったのである。

翌年2月、北朝鮮の「最高立法機関」として、北朝鮮人民会議が設置された。この人民会議で、北朝鮮臨時人民委員会の「臨時」という用語を取った、正式な北朝鮮人民委員会を選出した。

金日成を委員長とするこの人民委員会の誕生をもって、北朝鮮の事実上の単独政府が成立したことになる。1947年2月19日の「平壌放送」が、「北朝鮮人民委員会は、北朝鮮における人民政府の最高機関である」と宣言した時点で、金日成政権は正式なスタートを切ったのである。

北朝鮮における単独政権樹立の最大の推進役は、金日成その人であった。1946年2月に北朝鮮臨時人民委員会が組織された時、金日成は会議の演説で、「北朝鮮における中央政治機構の不在が、北朝鮮の政治・経済・文化の計画的で統一された発展を妨げる主要な妨害である」と力説し、「祖国が統一されるまで、そのような中央政治機構として、北朝鮮臨時人民委員会を構成することが緊急に必要である」と強調した。

この演説内容からも、金日成がどれほど単独政権の樹立を熱望していたかがよく分かろう。それもそのはず、北単独であっても政権さえ樹立すれば、彼自身が「王様」になれるからである。

しかし同じ演説において、彼が「祖国の統一」に言及したことは、実に奇妙な印象を受ける。北朝鮮だけで単独政権樹立を目指すというなら、普通に考えれば、この時点で「祖国統一」を断念したか、最初から「統一」を考えていなかったかのどちらかになるはずだ。

北朝鮮だけの単独政権樹立を急ぎながら「祖国統一」を口にするとはどういうことなのか、という論理上の疑問が、当然、生じてくるのである。

その演説で同時に、金日成はもう一つの政策を持ち出している。すなわち、「民主基地建設論」である。これは、北朝鮮を「民主基地＝共産基地」として建設してから、「基地」として利用しつつ、全朝鮮の統一を図る、という意味合いを持つ。

これに関して、金学俊著・前掲書はこう指摘する。「ここにおいて強調すべき点は、金日成はこの時点ですでに、南朝鮮が北朝鮮によって『解放』されるべき対象であることを前提に、南朝鮮の共産化のための前哨基地として北朝鮮を位置づけたのちに、これを『民主基地』という名前で象徴化したという事実である」。

つまり、「民主基地」という名前は、単なる綺麗ごとの「象徴化」にすぎないが、金日成の本音と狙いはむしろ、北朝鮮を「基地」にして南朝鮮を「解放」する、ということなのである。

もちろん、その「解放」の手段には、戦争も含まれていたであろう。というよりもむしろ、戦争こそが「解放」のもっとも現実的な手段として考えられていたはずである。戦争を考えていたからこそ、「基地」としての単独政権が必要とされたのである。

つまり北朝鮮で単独政権を作ろうとした時点で、金日成と彼の政権はすでに、南朝鮮に対する戦争の発動を視野に入れていたのである。「民主基地」として位置づけられた北朝鮮という国家は、ある意味では最初から、南朝鮮に対して統一戦争をするという使命を、必然的に負っていたのである。

それは実に驚くべきことであろう。第二次大戦がやっと終わって、朝鮮民族が一国としての独立と平和をようやく獲得できる道が開けた矢先に、そして諸大国が朝鮮の独立を認め、統一への道筋を模索していた最中に、北朝鮮の政治指導者である金日成は、同じ民族の南朝鮮に戦争を仕掛けることを、すでに考えていたのだ。

朝鮮民族自身に史上最大の危害をもたらした、朝鮮戦争の「悪魔のささやき」は、まさに金日成の心の中から始まったのであろう。

その一方、南朝鮮においてどういうことが起きていたかと言えば、ここでもまた、戦争の火種をまくに等しい、単独政権樹立の動きが始まっていた。

この動きを主導していたのは、南朝鮮における右派勢力の代表者となった、李承晩である。彼は1946年6月3日、全羅北道井邑《チョンウプ》郡で行った有名な「井邑演説」で、「南朝鮮だけでも臨時政府または臨時委員会のようなものを組織しなければならない」と主張した。

彼は、北朝鮮ですでに「臨時人民委員会」が組織されたことを理由に、南朝鮮での単独政府樹立論を展開したのである。

この年の12月、李承晩はマッカーサーの支援でアメリカに渡り、米国政府や国連に対しても「南朝鮮だけでも単独政権を樹立すべき」と強く訴え、「国連による朝鮮問題の解決」を初めて公式に提議した。そして翌1947年から、彼は大韓独立促成国民会を中心に、単独政府樹立の国民運動を展開していった。

こうした中で、北朝鮮における単独政権樹立の動きにも刺激された形で、アメリカ軍政庁は李承晩に歩み寄り、南朝鮮での単独政権樹立論に同調するようになった。1946年12月に「南朝鮮過渡立法議院」を発足させたのに続き、翌年6月に軍政庁そのものが「南朝鮮過渡政府」に改編された。そして、南朝鮮過渡立法議院の議長と南朝鮮過渡政府の行政官の両方に、朝鮮人が選出された。

このように、南朝鮮においても李承晩による単独政権樹立へと、着々と進んでいくことになったが、他方で、南における単独政権樹立論の提唱者である彼が、いわば「北進統一論者」でもあったことは見逃せない。前述したように、彼が初めて「単独政権樹立論」をぶち上げたのは46年6月3日の「井邑演説」であったが、まさにこの同じ演説の中で、李承晩は「南朝鮮で単独政権を作ってから、軍備を整えて北伐を敢行すべきだ」とも主張していたからである。

後に韓国の大統領になってからも、彼は国家元首として「韓国政府は武力によっても北朝鮮に対する主権を回復する権限を有する」と宣言したから、軍事力によって北朝鮮を統一するという考え方は、「単独政権論者」に共通するものだといえる。

だが、李承晩の考え方が論理的に奇妙なのは、前述した金日成とまったく同じである。「祖国の統一」を大事にするなら、最初から単独政権の樹立を目指すべきではなく、民主臨時政府に参加するのが通常の思考であろうが、彼の場合、単独政権の樹立を唱えつつ、同時に「北伐」による祖国統一も、政策目標として目指そうとしていたのだ。

もちろん、前述の金日成の場合と同様、この論理も当然、「自分の政府による祖国統一こそ、単独政権の求める究極の政治的目標だ」という結論に帰着する。

そして、この政策目標を実現するための手段について、李承晩は金日成よりもさらに明確に、「武力による北伐」であると公言していたのである。

考えてみれば、実に不思議なことである。金日成と李承晩、それぞれ北朝鮮と南朝鮮の指導者となった、この二人の人物は、出自も経歴も政治的背景もまったく異なっていたはずである。かたや中国共産党とソ連共産党によって鍛えられたバリバリの共産主義者で、もう一人はアメリカで長く生活した「民主主義者」であり、ハーバード大学で教育を受けたインテリのはずである。

しかし、政治的指導者として朝鮮民族の未来をどう作っていくかを考えた時、この二人の考え方と方法論は、まったくと言ってよいほど一致してしまうのだ。両者とも、単独政権の樹立を通して権力を掌握した後、武力をもって相手を倒し、相手の政府を潰して統一を成し遂げようと考えていたからである。

北朝鮮と南朝鮮で、それぞれ単独政権が出来る前から、「戦争の悪魔」は、すでにこの両指導者の心の中に棲み着いていた。こうして作られた二つの単独政権は、当初から、お互いに戦争を仕掛けるために出来たようなものである。

両方ともやる気満々だった以上、朝鮮半島で戦争が起きないはずがない。

ここで注意すべきは、共産主義者の金日成だから好戦的であるとか、朝鮮を再建する米ソ間の協力が失敗したから戦争になった、というレベルの話ではない点である。共産主義者の金日成と同じように、民主主義者であるはずの李承晩も、最初から戦争をやりたくて仕方がなかったのである。

この二人を政治指導者として代表にしていたことが、朝鮮民族全体の問題点を象徴している。彼ら自身が一戦を交えたくて仕方がなかったからこそ、のちの朝鮮戦争は起こるべくして起こったと言えるであろう。

「朝鮮の独立と統一」を討議する米ソ共同委員会は、1947年5月21日から第二次会合を始めたが、もう会議を開く意味はなかった。出口のない議論が延々と繰り返された後、8月12日をもって完全に決裂した。

そこから、南北の単独政府樹立の動きは一気に進んだ。

北では1947年2月、事実上の政府である北朝鮮人民委員会が結成されたことは前述したが、その1年後の1948年2月、北朝鮮労働党指導下の朝鮮人民軍が創設された。自前の軍隊をもつ政権はもはや政府というしかない。北の金日成政権はこれで完全に国家としての形を整えた。

一方の南朝鮮でも、1948年5月、国連臨時朝鮮委員団の監視の下で、南だけの国政選挙が実施され、李承晩を中心とした右派勢力が議席の多数を占めた。7月には大韓民国憲法が制定・交付され、国会議員の間接選挙による大統領選も行われた。李承晩はここで、大韓民国の初代大統領に選出された。

かくして1948年8月15日、大韓民国が成立した。韓国の指導者たちはもちろん、自分たちの政府こそ朝鮮半島における「唯一の合法政権」だと宣言し、北朝鮮の政権を完全に否定した。

南のこうした動きに対し、すでに政権の実体を揃えた北朝鮮は、さっそく反応した。同じ1948年の9月9日、朝鮮民主主義人民共和国の建国が宣言された。「共和国」の初代首相になったのは、もちろん金日成である。南と同様、北朝鮮も自分たちこそ「唯一の合法政府」であると主張し、大韓民国を完全に否定する態度を取った。

このようにして、朝鮮半島の北と南で、互いを否定し、敵視し合う二つの国が出来上がった。そして前述のように、この両国共、「祖国統一」の目標を掲げて、武力で相手を併合することを国策としていた。

朝鮮半島での戦争勃発は、もはや時間の問題だったのである。

戦争そっちのけで内ゲバを続けた韓国

1950年6月から始まった朝鮮戦争の実態は、本書の第三部で詳しく記すことになるが、とにかくそれは朝鮮史上最大にしてもっとも壮絶、かつ悲惨な戦争であった。米中両大国を巻き込んだ3年間で、参戦した米軍を中心とする国連軍、人民義勇軍と称する中国軍、韓国軍と北朝鮮の朝鮮人民軍を合わせ、約180万人の兵士たちが死傷した（アメリカ側推計）。そして朝鮮半島の民間人の犠牲者は、400万人以上にも上ると推定されている。当時の半島の総人口の13％以上が、戦火の犠牲となった計算である。

そういう意味では朝鮮戦争こそ、本章のテーマである「同じ民族同士の殺し合い」の最たる実例なのだが、実はこの同じ民族の殺し合いとなった朝鮮戦争の最中も、一方の当事者の韓国政府は国内で内ゲバを繰り広げていた。

朝鮮戦争の勃発後、ソウルは早々に北朝鮮に占領されたため、釜山が臨時首都になっていたが、1950年5月に行われた第2回国会議員選挙では、李承晩の政権与党である大韓国民党が大敗、当選者の60％が中間派か無所属で、その多くが李承晩に批判的だった。こうした無所属の反李承晩勢力は「少壮派」と呼ばれていた。

そこで李承晩は巻き返しを図った。

1951年11月、李承晩政権は大統領直接選挙制を骨子とする憲法改正案を提案し、12月には李範奭《イボムソク》の朝鮮民族青年団を基盤に自由党を形成する。

しかし国会は野党が優勢だったため、李承晩の改憲案は否決されてしまう。そこで李承晩は、地方議員と民間団体を動員して国会解散を要求する官製デモを組織した。1952年5月には、釜山一帯に戒厳令を宣言、そして国際共産党から資金を受け取ったという疑惑で、50人あまりの国会議員を逮捕した。

李承晩にとって邪魔な勢力を排除したのである。

そうした中、内閣は翌6月に与野党で改憲案を折衝した抜粋改憲案を国会に提出した。折衷案とはいえ、これは李承晩が望んでいた大統領直接選挙制と二院制を含んでいた。そして、この法案は7月に可決された。

その結果、1952年8月、最初の大統領直接選挙が行われ、李承晩が第2代大統領に当選したのである。この一連の権力闘争は、「釜山政治波動」と呼ばれているが、官製デモと議員逮捕により自分の野望を達成させるという、李承晩のなりふり構わぬ権力欲ぶりがよくわかるだろう。しかも、これは朝鮮戦争中のことなのである。

それ以来、李承晩政権は反対派が出てくると、力で潰すということを繰り返してきた。

たとえば、李承晩政権に批判的な少壮派は、日本の植民地支配に協力した「親日派」を処罰すべきだと主張しており、世論もその意見に賛同していたため、その声に押されるように国会では1948年9月、反民族行為者処罰法を制定し、翌月には反民族行為特別調査委員会（反民特委）を設置した。

だが、反民特委の調査によって、政府関係者や警察幹部が処罰の対象になることが明らかになり、政権は危機に陥った。当然、少壮派は李承晩政権の周辺調査を主張する。そこで李承晩は、左翼勢力と少壮派への弾圧を開始した。1949年6月、ソウル市警は反民特委を襲撃し、翌7月に反民特委は解体された。また少壮派の議員13人が南朝鮮労働党の工作員だとして検挙され、少壮派の活動は萎縮していった。

表向きでは韓国は民主主義国であったが、李承晩政権が行っていたのは「暴力民主主義」とでも呼ぶべきものだった。

朝鮮戦争後の韓国も内部抗争と殺し合いの地獄

朝鮮戦争が休戦した後、韓国では、1956年5月に大統領選挙が行われた。この時、野党の民主党は、大統領候補に申翼熙《シンイッキ》、副大統領候補に張勉《チャンミョン》を立てて、李承晩政権に対抗した。

申翼煕は李承晩に迫る勢いを示したが、選挙直前に急死してしまう。そこで対立候補として人気を得たのが野党進歩党の曺奉岩《チョボンアム》で、李承晩を脅かす存在となった。激戦の末、李承晩はなんとか三選を果たす。しかし、副大統領選挙では与党は張勉に敗れてしまった。

この結果に脅威を感じた李承晩は、曺奉岩を北のスパイ容疑で逮捕して進歩党を解散に追い込んだ。曺奉岩には死刑の判決が下された。しかも李承晩は同時に、張勉の暗殺を図っていたことも明らかになっている。もっともこちらは失敗したが。

李承晩は、野党系新聞の廃刊や政治集会を許可制にするなど、反政府的な言論や集会を弾圧し、まさに独裁者であった。

李承晩のこのようなやり方に民衆の反発が高まり、1960年、李承晩が四選を果たした大統領選挙での不正疑惑が持ち上がったことで、その不満は爆発した。

各地で抗議デモが相次ぎ、とくに1960年4月19日にはソウルで学生や市民が大統領官邸を包囲する事態にまで発展した。そこで李承晩政権は非常戒厳令を発布し、鎮圧に動いた。

この日は火曜日だったため、「血の火曜日」と言われており、ソウルだけでも130人が虐殺されたという。その後、政府による弾圧が続き、一連の過程で186人が死亡し、約6000人が負傷したとされる。

4月25日には全国27大学の教授が学生に同調してソウルでデモに加わったことで、李承晩は退陣に追い込まれる。全国で李承晩に対する怒りが渦巻き、アメリカも李承晩政権を支持しない方針を決めたことで、李承晩はハワイへの亡命を余儀なくされた。こうして12年間続いた李承晩政権は崩壊した。

李承晩政権が潰れると、国会は内閣責任制改憲を実現させ、「第2共和国」が成立した。新憲法では大統領の権限が大幅に縮小されて、国務総理が国家の実質的指導者とされた。

1960年7月の総選挙では野党の民主党が圧勝して過半数を獲得、政権政党となった。ところが首班指名をめぐり例によって内部分裂が勃発、半年あまりで三度も内閣が全面改編されるという迷走状態に陥った。

この混乱に、改革を掲げる軍部の若手将校たちの不満が募り、1961年5月、朴正熙少将らがクーデターを起こした。全国に非常戒厳令を宣布し、軍事革命委員会（後に国家再建最高会議に改称）が実権を握った。こうして民主党政権は崩壊、第2共和国は短命に終わってしまう。

アメリカはクーデターを支持し、朴正熙が最高会議の議長に就任して権力を掌握すると、すべての政党・社会団体が解散させられ、メディアへの統制も強化された。韓国中央情報部（KCIA）が新設され、最高会議が立法、司法、行政権のすべてを握った。

朴正熙は貨幣改革や経済改革を断交する一方で、軍政から民政への転換を進め、大統領への権力集中や一院制などの新憲法を発布した。そして1963年、朴正熙は第5代大統領に選出された。

皮肉なことに、この軍事政権によって、韓国は初めて内乱が収拾されていくことになった。

1965年の日韓国交正常化により、日本から経済協力として有償、無償、民間借款あわせて8億ドルという、当時の韓国の国家予算の2・3倍もの資金提供がなされ、さらにベトナム戦争に31万人以上の兵力を派遣したことで、アメリカから経済協力の増額を受けて、「漢江《ハンガン》の奇跡」と呼ばれる高度経済成長を成し遂げた。

朴正熙政権は、1979年まで16年におよぶ長期政権となった。韓国の近代史上、もっとも安定していた時代とも言える。

もっとも、朴正熙が穏健な大統領だったというわけではない。政敵には容赦なく、1971年の大統領選で朴正熙に肉薄した野党政治家の金大中《キムデジュン》は命を狙われた。

だがその朴正熙も、1979年10月26日に、自分の部下である金載圭《キムジェギュ》中央情報部長に暗殺されてしまう。崔圭夏首相が大統領代行となり、全土に非常戒厳令が敷かれた。

その後、同年12月6日に崔圭夏が大統領に選ばれると、それまで押さえつけられていた民主化要求の声が高まり、学生デモや労働争議が全国に拡大する兆しが見られた。これに対して、金大中や金泳三らの公民権が回復されるなど、宥和《ゆうわ》政策へと転換していった。

1980年5月には全国で約10万人の学生が参加するデモが起こり、戒厳令解除を求めた（「ソウルの春」）。

一方、1979年12月12日、軍部では保安司令官全斗煥陸軍少将が、戒厳司令官の鄭昇和《チョンスンハ》陸軍参謀総長を逮捕し、軍の実権を掌握した（粛軍クーデター）。また、80年5月17日、新軍部は非常戒厳令を全国に拡大して「ソウルの春」を押さえ込み、執政の可能性がある金大中らを不正蓄財の嫌疑で逮捕し、金泳三を自宅軟禁にした（5・17クーデター）。

さらに、民主化運動の拠点であり、金大中の地盤である全羅南道光州《クァンジュ》に戒厳軍を投入してデモを武力で弾圧した。80年5月21日には空挺部隊が一斉射撃したため、駅前広場では多数が犠牲となり、これに怒った市民は武器庫を襲撃して武装し、市民軍となった。そして道庁を占領し、光州を解放区として一時的に自治を行ったが、まもなく戒厳軍の一斉攻撃で鎮圧された。

これを「光州事件」というが、韓国政府が確認した犠牲者は民間人168人、軍人・警察27人、負傷者4782人、行方不明者406人に達している。

その後も失業者やホームレスといった社会的弱者、あるいは犯罪者や学生運動家、労働運動家など約4万人を一斉に逮捕させ、軍で過酷な訓練と強制労働を課した。とくに強制労働では暴行などで52人の死者を出し、3000人近くに後遺症や精神障害が残るなど、韓国社会に大きな傷跡を残した。

全斗煥は1980年9月に大統領に就任、戦後の韓国元首として初めて日本を訪問し、日本と向き合う姿勢を見せる一方、87年には大韓航空機爆破事件が起きて、北朝鮮との関係が緊迫した。

1987年からは反政府運動が活発化したため、退任を表明し、翌88年に政権を移譲したが、その後も不正蓄財や光州事件への追及が止むことはなく、95年についに起訴されて死刑判決を受けた（当時の金大中大統領のはからいで、後に特赦）。

そして1987年12月に行われた16年ぶりの民主的選挙で大統領に選ばれたのは、軍人出身の盧泰愚だったが、93年の大統領退任後、全斗煥とともに不正蓄財と光州事件の関連で懲役刑を受けている（後に特赦で釈放）。

次の大統領は金泳三。これで朴正熙政権から32年続いた軍事政権が終わり、文民政権となった。だが、金泳三の時代にはアジア通貨危機が起こり（１９９７年）、韓国はＩＭＦ（国際通貨基金）管理下に入ることになる。韓国ではこれは日韓併合に次ぐ「第２の国辱」であると言われ、金泳三大統領への批判は多かった。

さらに、次の金大中は北朝鮮への5億ドルもの不正送金疑惑が持ち上がり、さらに次の盧武鉉は不正資金疑惑で野党から弾劾訴追されて一時的に大統領職を停止され（２００４年）、２００８年の退任後は親族や側近が贈賄で相次いで逮捕、ついに司直の手が自身に及ぶと、自宅裏山の崖から投身自殺した（２００９年5月23日）。

続く李明博も実兄が斡旋収賄などで逮捕（２０１２年7月）、さらに李明博自身にも土地不正購入疑惑が持ち上がった。そして「まえがきに代えて」でも述べたように、２０１８年3月23日、収賄や背任、職権乱用罪などの容疑で逮捕された。

次の朴槿恵は朴正熙大統領の娘として、就任直後の支持率は非常に高かったが、２０１６年10月末には、友人である崔順実《チェスンシル》など民間人による国政介入疑惑と収賄問題（崔順実ゲート事件）が持ち上がり、支持率は5％までに下落、国会で弾劾訴追が可決され、憲法裁判所により罷免《ひめん》が決定、史上初めて弾劾で罷免された大統領となった。

このように、韓国の歴代政権にはつねに民衆虐殺や収賄がつきまとっている。それは、これまでの半島史で見てきたように、朝鮮民族には公の意識が薄く、権力欲、金銭欲、独占欲といった我欲の強さが国民性として根づいているからではないだろうか。だから韓国では公のために大同団結できず、つねに私欲によって分裂と争いが絶えないのである。

北朝鮮における内ゲバ

ここまでは南の韓国の話ばかりであったが、もちろん北朝鮮でも権力闘争による殺し合いが続いてきた。

北朝鮮は1948年9月9日に政権が成立（建国）し、金日成が最高指導者となったが、最初から絶対権力者というわけではなかった。当初、さまざまな派閥があり、多くのライバルがいたのだ。

1949年6月、南北の労働党が合流して朝鮮労働党となり、金日成は党中央委員会の初代委員長になる。だが、党内には有力な派閥が存在していた。

大東亜戦争中、満洲で抗日活動を行っていた朝鮮人社会主義者で、のちにソ連に脱出した金日成らによる満州派（国外パルチザン派）、中国共産党の本拠地・延安で抗日運動を展開していた延安派、国内で抗日運動を行っていたとする甲山派（国内パルチザン派）、ソ連出身者が中心となったソ連派、ソウルを拠点としてアメリカ軍政下で地下活動を続け、韓国建国とともに平壌に逃れてきた南朝鮮労働党派（南労党派）などである。

金日成は、１９５０年6月25日から始まった朝鮮戦争を、党内権力の強化のために利用した。開戦翌日に軍事委員長に就任して全権を掌握すると、軍規を破り国内の治安を乱したとして、延安派の軍人である武亭《ムジョン》やソ連派の許哥誼《ホガイ》など中心人物を粛清した。

次に金日成は南労党派を標的にする。南労党派のトップは朝鮮労働党の実質ナンバー2で外務大臣も務めたことがある朴憲永で、金日成にとっては権力基盤拡大のための最大の障害であった。

そこで金日成は１９５２年から53年にかけて「反党宗派分子」批判を行い、その結果、朴憲永ら南労党派の有力者は「アメリカ帝国主義に雇われたスパイ」として糾弾され、53年には南労党派の10人に死刑判決が出された。朴憲永も55年に死刑を宣告され、その後処刑された。

ソ連派と延安派は、1956年8月の党中央委員会全員会議で金日成の個人崇拝を批判して反撃に転じたが、逆に党指導部に対する陰謀を企てた不満分子として処分された（8月全員会議事件）。以後、金日成は延安派の象徴的存在であった金科奉《キムドゥボン》をはじめ、ソ連派、南労党派の残余分子を排除することに成功した。

そして、1967年5月の党中央委員会全員会議では残りの甲山派を粛清。ここにおいて、金日成の権力に挑戦する派閥はすべて消滅し、独裁政権が完成した。

以後、最高指導者の地位は息子の金正日《キムジョンイル》、その息子の金正恩へと世襲されているが、金正恩が父親の時代からの功臣を次々と粛清、さらには叔父の張成沢《チャンソンテク》を処刑し（張成沢は中国派で、北京に亡命した金正男に資金提供をしていたとも言われる。その正男は2017年2月13日にマレーシアで暗殺されたが、これも正恩の指示だったとされている）、恐怖政治は現在も続いている。

このように、高句麗から北朝鮮・韓国まで、朝鮮半島の歴史は、まさに内ゲバと殺し合いの歴史であり、派閥闘争の歴史なのだ。

韓国人はよく「半島の半万年史」と標榜《ひょうぼう》するが、それは血塗れの抗争と殺戮の歴史であり、誇るべきものは何もないのである。

　そして今でも、このような内ゲバの伝統が受け継がれていて、南北の人々はひたすら足の引っ張り合いを演じる。もちろん今後も、お家芸の内ゲバとそこから生まれる殺し合いがさまざまな形で展開してゆくのであろう。それはまさに、かの半島民族と国家の哀れな宿命なのである。

第三部

外国勢力を内紛に巻き込む民族の悪しき習性

第五章
外国侵略軍を半島に招き入れた三国統一戦争

隋帝国に朝鮮半島侵略を嘆願した百済と新羅

本書の第二部でわれわれは、朝鮮半島の歴史上、同じ民族同士が内紛と殺し合いに明け暮れてきた事実をつぶさに見た。だが、朝鮮民族の内紛は、単なる内部抗争に留まらないことが多い。周辺の国々を半島内の戦いに巻き込んで多大な被害を与えるのもまた、民族の一貫した習性の一つである。

周辺国を半島内の紛争に巻き込んだ最たる実例の一つは、朝鮮半島の古代史上に起きた「三国統一戦争」である。

紀元6世紀から7世紀半ばにかけて、朝鮮半島で並立した高句麗、百済、新羅という三つの国は、熾烈な戦いを繰り広げた。その結果、高句麗と百済の二国が滅び、朝鮮半島の大半は、新羅によって統一された。朝鮮半島史上、最初の統一国家がこれで誕生したのである。したがって三国統一戦争は、朝鮮民族の形成史において、たいへん重要な意味を持つ出来事である。

現代韓国を代表する古代史研究家である盧泰敦《ノテドン》博士は、全308ページの大作である『古代朝鮮　三国統一戦争史』（岩波書店）の中で、「韓国史でもっとも大きな影響を与えた戦争は、二〇世紀の朝鮮戦争と三国統一戦争」だと評していることからも、朝鮮半島の歴史における三国統一戦争の重要性をうかがい知ることができる。

三国統一戦争はどのような歴史の背景下で起きたのか。盧泰敦博士はその前掲書の中で、韓国史学界で唱えられている、いくつかの学説を紹介しているが、その有力なものは「隋唐帝国の登場に求める説」であるという。つまり6世紀以降、中国大陸で隋と唐という二つの大帝国が相次いで登場したことが、朝鮮半島における三国統一戦争の始まりになったとする考え方である。

一体なぜ、中国大陸における大帝国の出現が、朝鮮半島における統一戦争の「きっかけ」になったのだろうか。その理由は、中国大陸と朝鮮半島との間に密接な国際関係があったからである。
隋と唐の二つの大帝国が誕生する前、中国大陸では北部と南部で二つの王朝が並立する「南北朝」時代だったが、この時代を通して、中国の北朝と南朝はそれぞれ、朝鮮半島の国々から朝貢を受けて名目上の宗主国の地位を保っていた。ただし、その頃の北朝にしても南朝にしても、朝鮮半島内部の争いに介入することはほとんどない。北朝と南朝が互いに対立して緊張関係にあったから、朝鮮半島のちっぽけな国々に構う余裕がなかったのであろう。

しかし、半島の国々にとって幸か不幸か、「介入しない」中国王朝の基本姿勢に、大きな転機が訪れる時が来た。長く続いた中国大陸の南北朝時代が、とうとう終焉を迎えたのである。紀元581年、北朝の北周から政権を受け継いだ隋が建国されると、589年、隋は南朝の陳という国を滅ぼして、中国を再統一した。西晋滅亡以来、300年ぶりに、中国大陸に強大な統一帝国が誕生したのである。

その結果、中国王朝の朝鮮半島に対する関わり方が、劇的に変化した。韓国史学界の一部がそう考えているように、中国大陸で隋という統一帝国が成立したことが、まさに、朝鮮半島における「三国統一戦争」の始まりをもたらしたのである。

581年に隋王朝が成立すると、高句麗と百済はさっそく、隋に対して朝貢を行い、隋の初代皇帝の文帝（在位581〜604年）からそれぞれ「帯方郡公」、「遼東郡公」として称号を授けられた。同時に、両国は、南朝の陳王朝にたいしても、今まで通りの朝貢をしばらく続けていた。しかし589年に隋が陳を滅ぼして中国を統一すると、半島の国々の両面外交はもはや通用しなくなった。ここにおいて、彼らは、中国大陸で久しぶりに出現した統一帝国にどう対処するのかという、国の存亡にかかわる大問題に直面したのである。

高句麗、百済、新羅の三国はとりあえず、隋帝国に朝貢して恭順する姿勢を示した。しかしその中でもっとも大きな不安を抱えていたのは、やはり高句麗である。他の二国と違って、高句麗だけが隋帝国と国境を接しているために、大陸での統一帝国の出現はそれだけ、高句麗にとって大きな脅威となるのである。

したがって高句麗は、隋王朝に朝貢を続けながらも、ひそかに軍備の増強や兵糧の蓄積を急いだ。そして589年、高句麗の嬰陽王《ヨンヤンワン》（在位590〜618年）は1万の軍を率いて、高句麗との国境に隣接する隋王朝支配の遼西郡に突然、侵攻した。おそらくこれは、隋王朝の出方をうかがうための偵察的な意味合いの軍事行動であったが、それに激怒したのは隋の文帝である。隋王朝はさっそく嬰陽王に授けた称号をはく奪した上で、30万人の大軍を高句麗にさし向けた。

隋の文帝がそこまで本気になって怒るとは、予想すらしていなかった高句麗側は、慌てて文帝に使節を遣わして、謝罪した。その国書の中で、嬰陽王が自らを「遼東の糞土《ふんど》臣」と貶《おとし》めて、文帝のご機嫌をとったことは有名な話だが、高句麗征討に向かった隋王朝軍が長雨にあって、疫病が流行したなどの要因も手伝って、隋王朝は結局、高句麗討伐を途中で取りやめた。

高句麗はこれで一安心したが、その時、隋王朝の討伐軍をふたたび朝鮮半島に呼び戻そうと躍起になったのが、同じ半島国家の百済であった。隋軍がすでに撤退した598年9月、百済の威徳王《ウイドクワン》（在位554～98年）は、使者を隋王朝に派遣して、高句麗に対する再度の討伐を嘆願した。

その際、威徳王が隋の文帝に対して、「陛下が高句麗に再征する時には、わが百済は道案内役を務めたい所存（軍導を為さんと請う）」と伝えたという（『隋書百済伝』による）。要するに百済国王は、同じ民族の高句麗に対する隋王朝の再度の侵攻を嘆願しただけでなく、侵略軍の先導役を自ら買って出たのであった。日本人の感覚からすると、実に驚くべき無節操ぶりであるが、実はそれこそ、本書の第三部を通して嫌というほど見て頂くことになる、半島民族の一貫したやり方なのである。

百済からの「侵略要請」に対して、高句麗討伐を取りやめたばかりの文帝は、当然のごとく断った。それからしばらくの間、隋王朝と高句麗の間では平和が続いたが、604年に文帝が死去して2代目皇帝の煬帝《ようだい》（在位604～18年）が即位すると、状況はまたもや変化した。

野心家の煬帝は、皇帝に即位した後、隋王朝の創始者である父親の文帝を超えるような、何らかの「大業」を成し遂げたいと狙っていた。そこで、父親が挫折した高句麗討伐の再開が、魅力的な選択肢の一つとなった。高句麗を征服できれば、先代の文帝どころか、漢帝国の偉大なる皇帝である、武帝さえ超えることができるのだ。漢武帝の作った「朝鮮四郡」が高句麗によって滅ぼされて以来、朝鮮半島に対する支配権の回復は歴代中華王朝の宿願で、それこそ中華皇帝としての自分の使命だと、先代が作り上げた統一帝国を受け継いだ煬帝は決め込んだようだ。高句麗再征の意志を固め、機会をうかがっていた。

ちょうどそこで、新中華皇帝となった後継者の野心に付け込む形で、隋王朝軍による半島侵略を再度、懇願してきたのが、やはり同じ半島国家の百済だったのである。『隋書百済伝』の記述によると、煬帝の即位から3年目の607年、百済は隋に使節を遣わして、高句麗再征を要請した。それに対して、新皇帝の煬帝からは肯定的な返事を得ることができた。煬帝はさらに、高句麗の内部情勢を偵察しろという指示まで出した。百済は当然、積極的に協力したが、それでも隋王朝は、すぐに動こうとはしなかった。隋王朝の鈍さに焦りを感じたのか、611年に百済はふたたび使節を隋に派遣して、高句麗出兵の具体的な期日を問い合わせてきた。そこでついに、やる気満々の煬帝は、百済に高句麗征伐の決行を伝えると同時に、そのための謀議を百済との間で行ったと、『隋書』は記している。

実はその時、もう一つの半島国家である新羅も動いた。高麗時代に編纂された正史である『三国史記・新羅本紀』の記述によれば、611年に、新羅も隋に使者を遣わして、高句麗への出兵を要請したという。

このようにして、半島国家の百済と新羅が揃って、同種同族であるはずの高句麗を侵略するよう、外国の王朝に頼みこんだのである。特に百済の場合、当の隋王朝よりもこの侵略戦争の開始を待ち望んでいるような様子であった。それはまさに、世界史上の奇観ともいうべき光景であるが、煬帝の戦争決断を後押しした大きな要素として、百済と新羅の要請があったと考えざるを得ない。

実際、『隋書・煬帝紀』の記述によれば、侵略を要請した百済の使者が隋の都に到着したのは611年2月4日であるが、同月26日に煬帝が高句麗討伐の詔書を発したという。百済の使者到来は、煬帝が高句麗征伐を決心する一つのきっかけであったことがうかがえる。

百済と新羅の願い通り、紀元612年、隋は100万人の大軍を派遣して、高句麗征伐を再開した。しかしこの時も、高句麗が国の命運をかけて徹底的に抗戦した結果、煬帝の軍事行動は完敗に終わった。その後も、煬帝はその短い治世の中でさらに2回、高句麗への再征伐を試みたが、いずれも失敗に終わっている。そしてこの挫折が、煬帝の国内の権力基盤を大いに揺るがし、隋王朝の崩壊を早めたことは、中国史上の常識である。

その一方で、高句麗が隋王朝の侵略を撃退し続けたことは、朝鮮半島にとって幸いだった。ある意味で、高句麗という国はずっと、朝鮮半島を中華帝国の侵略から防ぐ「防波堤」の役割を果たしていた。しかし、それにもかかわらず、大陸の軍勢から守られているはずの、南の百済と新羅は、高句麗と協力して隋王朝の侵略に抵抗するどころか、むしろ隋王朝を焚き付けて高句麗への侵略をそそのかし、さらには侵略戦争に「先導役」として加担しようとした。この二つの半島国家の無節操ぶりと愚かさには、まったく驚くばかりであるが、本書を読み進めていけばお分かり頂けるように、こうした愚行はむしろよくあることで、民族のＤＮＡともいうべき、独自の行動パターンから出てくるものなのである。

唐太宗の朝鮮侵略を献策した新羅王族金春秋

高句麗征伐に失敗した隋王朝が国内の反乱で崩壊した後、代わって中国大陸を支配したのは、唐王朝である。時は618年、東アジア古代史上、たいへん重要な位置を占める新たな統一帝国が誕生したのである。

唐王朝の2代目皇帝である大宗《たいそう》（在位626～49年）の治世になり、国内が安定してくると、周辺民族の制覇という中華帝国の伝統政策が、ふたたび政治課題に浮上してきた。中でも、前王朝が失敗した高句麗征伐が、当然、大宗の視野に入ってきた。

644年、大宗は自ら大軍を率いて高句麗征伐を開始した。唐王朝軍は、緒戦では高句麗の数多くの城や砦を陥落させて快進撃を続けたが、高句麗領内の山がちな土地に深入りしていくにつれて、高句麗軍の激しい抵抗にあい、前進の勢いが衰えた。やがて冬となり、寒気が襲ってくると、唐王朝軍はやむを得ず撤退を決めた。大宗による高句麗征伐も、やはり失敗に終わったのだ。

太宗はあきらめることなく、以後も647年と648年、奇襲作戦による高句麗征伐を実行したが、二度とも失敗に終わった。

高句麗に連戦連敗を喫したことで、唐の大宗は大きなジレンマに陥っていた。前王朝の隋が、まさに高句麗征伐の失敗で天下を失った教訓があるからだ。大宗としては、自分の失敗を何とかして挽回できなければ、中華皇帝の威信に大きな傷がつくだけでなく、王朝そのものの存続も危うくなるかもしれない。しかしこのまま高句麗征伐を続行しても、厄介な相手を打ち破る妙案はなかった。失敗をさらに重ねていけば、傷がますます大きくなるだけのことだ。大宗の悩みは深まる一方である。

ちょうどその時、朝鮮半島の新羅から、一人の重要人物がはるばる、唐王朝首都の長安にやってきた。「高句麗を打ち破るための必勝法」を大宗に献言するために訪れたのである。

その人物とは、新羅王族の金春秋《キムチュンチュ》である。実は彼こそ、これから展開されていく「三国統一戦争」の趨勢《すうせい》を決定づけた、最大のキーマンであった。

三国時代（六世紀）の朝鮮半島

金春秋は唐の大宗にどのような献策を提示したのか。それを語る前に、当時の朝鮮半島の内部情勢に、もう一度目を向けてみよう。

半島では、前述したように、はるか以前の4世紀頃から、高句麗、百済、新羅の三国が領土拡大を狙って、外交上の合従連衡《がっしょうれんこう》と、軍事的攻防を繰り返してきた。こうした中、百済で外交戦略上の一大変化が起きたのは、641年に即位した義慈王《ウイジャワン》（～660年在位）の時代のことである。

義慈王は即位早々、今まで敵対してきた高句麗と和睦し、連携を求めた。その戦略的な狙いは、高句麗と友好関係を結んだ上で、力を新羅に集中して一気に攻略することだったが、一方の高句麗にとってみれば、来たるべき唐王朝からの再侵攻に備えて、南の隣国である百済と安定した関係を作った方が得策との判断もあった。

こうして高句麗と百済との同盟が成立すると、翌642年、百済の義慈王はさっそく、新羅への大規模な軍事侵攻を開始した。この年の7月には、義慈王の軍隊は一挙に新羅の四十余城を攻撃して陥落させ、新羅に大きなダメージを与えた。8月には、新羅の重要拠点である大耶城《テヤ》を落とした。

実は、この大耶城の陥落において、後に百済自身の運命を決する事件が起きたのである。

大耶城の新羅側の城主は品釈《プムソク》という人だったが、百済軍の攻撃で大耶城が落ちる寸前に、百済軍の勧誘に応じ、妻子とともに城から出て降伏した。しかし百済の将軍は、「降伏すれば命を助ける」という約束を直ちに破って、品釈一族をことごとく斬首した。

ところが、その時殺された品釈の妻は、普通の人ではなかった。もとは新羅の王族の出自であり、その父親こそ、金春秋だったのである。

当時の新羅の国王は善徳《ソンドク》女王であったが、同じ王族だった金春秋は、善徳女王がもっとも信頼する重臣の一人として、新羅の実質上の宰相の立場にあった。

自分の愛娘が大耶城で惨殺されたことに、金春秋は大きなショックを受けたらしい。『三国史記・新羅本紀』の記述によると、金春秋は娘の死を聞き、柱に倚《よ》りかかって立ったまま、終日瞬きもせず、誰かが目の前を通り過ぎても、振り返ることさえなかったという。

そして、衝撃と悲痛から立ち直った時、金春秋の心に満ちていたのは、百済への復讐の念だけであった。その日から彼は、何としても百済を滅ぼしてやろうと、心の中で誓ったという。ある意味で半島史上の三国統一戦争は、まさにその時、火蓋《ひぶた》が切って落とされたのである。

もちろん、当時の新羅の軍事力だけで百済を滅ぼすなど、とても無理な話であることも、冷徹な政治家である金春秋にはよく分かっていた。現に、義慈王の大軍の攻撃に、新羅は圧倒されている。そうなると、百済を滅ぼして自らの復讐を成し遂げ、かつ新羅を国家的窮地から救い出すために、金春秋に残された手段はただ一つ、百済との戦いに他国の勢力を巻き込むことであった。

金春秋はさっそく、外交交渉を展開した。大耶城が陥落した年の冬、彼がまず赴いたのは、敵対関係にあった高句麗である。高句麗に和平を求めた上で、共同して百済を攻撃するよう要請した。しかし前述の通り、当時の高句麗はすでに百済と連携していたから、金春秋の求めに応じるつもりはまったくなかった。それどころか、翌643年、高句麗はむしろ百済と連携して新羅を攻撃した。金春秋と新羅はますます窮地に立たされた。

金春秋が、次の連携相手として選んだのは日本である。647年、金春秋は海を渡ってはるばる日本にやって来て、大和朝廷に対百済戦への支援を求めた。しかし後述するように、当時の大和朝廷はむしろ百済と「準同盟関係」にあったから、新羅からの要請に応じるはずもない。金春秋は結局、何の収穫も得られないまま、帰国の途に就いた。

そこで金春秋は、唐帝国を動かすことに最後の望みを託した。唐帝国を百済への軍事攻撃に誘い出すことは、新羅と金春秋にとって、自らの生き残りを図って百済への復讐を果たす、残された唯一の戦略となった。

しかし唐帝国の大軍を百済攻撃に誘い出すには、大きな難点があった。当時の唐王朝は確かに高句麗を叩き潰そうとしていたが、百済まで攻撃する意図はまったくなかったのである。百済はまた、少なくとも形式的には唐王朝に朝貢し、恭順の意を示している。唐王朝にしてみれば、高句麗征伐の前に、さらに遠い朝鮮半島の南にまで遠征し、百済を攻撃しなければならない理由がなかったのである。

もちろん、それであきらめるような金春秋ではない。復讐に燃える彼はついに、唐帝国を説得して百済攻撃に誘い出す「論理」を編み出したのである。

前述のように、唐の大宗は当時、何としても高句麗を打ち破りたかったが、なかなか妙案が見つけられずにいた。そこで金春秋は大宗をこう口説くことにした。高句麗が、北からの唐王朝の攻撃に全力を挙げて反撃し対抗できたのは、半島南部の百済と連携して、南からの支援を受けているからだ。ならば、唐王朝はまず、百済を攻撃すればよい。百済を滅ぼすことができれば、後方からの高句麗への支援を断つことができるだけでなく、南と北の両方から高句麗を挟み撃ちすることもできる。そうすれば、高句麗征伐は必ず成功するであろう、と。

これが「献策」の基本内容であるが、おそらく金春秋は、高句麗問題で苦慮している大宗が必ず飛びついてくるような、うってつけの妙案として提示できるよう、考え抜いたのだろう。

648年の末、金春秋は満を持して、唐王朝に赴いた。彼にとって、百済を滅ぼして己の志を成し遂げられるかどうか、すべてはこの訪問の成否にかかっていた。

長安で大宗に謁見した金春秋は、例の「建言」を大宗に献じると同時に、百済への出兵を正式に依頼した。『三国史記・新羅本紀』の記載によると、その時、金春秋は大宗に対して、「もし陛下が天兵をお貸し下さり、この凶悪な連中を排除しなければ、わが国の人民は百済の思うままに虜囚となってしまい、天朝（唐王朝）への職務（朝貢）を果たせなくなるのです」と訴えたという。

要は金春秋も、やはり最後には、「われわれを守ってくれなければ朝貢できなくなる」という、半島国家が中華帝国を動かそうとする時の「殺し文句」を口にしたわけだ。何としても大宗を説得しなければならないという、切羽詰まった様子がうかがえる。

これに対して、唐の大宗は、金春秋と新羅が望んだ通りに、しかし朝鮮民族にとっては不幸なことに、百済への出兵を約束した。おそらく、「百済を滅ぼせば、高句麗を簡単に打ち破ることが出来る」という金春秋の献策が、大宗の心を多いに動かしたのであろう。

中国側の史書である『旧唐書』の記載によれば、太宗は金春秋の来訪をたいへん喜び、官位三品以上の高官を集めて、盛大な歓迎宴会を催した。金春秋本人に唐王朝の高い官位を授けただけでなく、一緒に来訪した金春秋の子息の文王を、左武衛《さぶえい》将軍に任じたという。朝貢国の一臣下である金春秋に対する、こうした異例の厚遇ぶりは、大宗自身が金春秋の献策をたいへん喜んでいたことの表れであろう。

出兵の約束を大宗から取り付けて有頂天になった金春秋は、大宗の決心をさらに固めようとして、「次の手」まで打った。

まず長安滞在中、彼は大宗に衣帯の下賜を願い出て、今後、新羅の官僚は、唐王朝の制定した服制（衣服制度）に倣って、中国風の官服を着用するとの意思表明を行った。彼の狙いは、新羅の政治中枢の外見を唐風一色に塗り変えることで、唐王朝に対する「忠誠心」を目に見える形で示そうとしたのである。

さらに、自分の帰国直前の宴の席で、金春秋は大宗に、自分の息子の文王を、皇帝のそばに仕えさせてほしいと願い出た。それは、大宗への「忠誠心」を改めて表明する意味があったと同時に、皇帝の身辺に、重要なパイプ役を置いておくという周到な布石でもあったろう。太宗はもちろん、それも快く受け入れた。

「すべては終わった」と、金春秋は胸を撫で下ろして、帰国の途についたであろう。残るは唐王朝による正式の出兵決定を待つだけだ。金春秋の謀略は成功寸前であった。

しかしその後、金春秋と新羅にとって、青天の霹靂《へきれき》ともいえる大事件が起きた。649年5月、金春秋が長安訪問から帰国してわずか半年後、肝心の唐の太宗が、急逝してしまったのである。

招かれた唐王朝軍の朝鮮出兵

太宗の死去によって、唐帝国の力を借りて百済を滅ぼそうとする金春秋の謀略は、ピンチに立たされた。百済に出兵するという太宗の約束が、その死とともに雲散霧消《うんさんむしょう》した可能性もあり、太宗の後継者となる次の皇帝が、朝鮮半島に対してどのような考えをもつのか、まったく未知数だったからである。

もちろん、これであきらめる金春秋ではない。太宗の死去と同じ六四九年から、新羅は、約束通り、唐王朝の衣服制度を全面的に導入・実施しただけでなく、自国が今まで使ってきた年号を廃止して、唐王朝の年号を使うようになった。こうして唐王朝への全面的恭順を示すと同時に、新羅は新しい唐の皇帝へのアプローチを急いだ。

太宗の後を継いだのは高宗（在位649～83年）である。即位翌年の650年、新羅は使者を長安に遣わし、錦に織らせた「五言太平頌《ごごんたいへいしょう》」という題の漢詩を、高宗に献上した。

その中身は「天を統御したれば貴き雨降り、万物を収めたれば物みな光彩を含む。深き仁徳は日月にも比して、めぐる運数は古の陶唐の世へむかう」と、唐王朝と高宗に対して気味が悪いほどの、最大限の賛美を捧げると同時に、「外夷の帝命に背く者、刀刃《とうじん》に倒れて天罰を受ける（外夷違命者、剪覆被天罰）」とも述べて、百済への出兵を暗に促したのである。

それに続いて、金春秋は、次男の金仁問《キムインムン》を唐王朝に送り込み、高宗の宿衛とした。後年、唐帝国が百済に征伐軍を送った時、この金仁問は副将の一人として随軍することになるから、金春秋が息子を高宗の身辺に送り込んだ意図はよく分かる。

そして652年と653年、新羅は立て続けに唐王朝に使者を派遣して、百済への出兵を要請した。出兵の決定が現実となるまで、金春秋はどこまでも粘り強く働きかけていくつもりであった。

しかし、にもかかわらず、唐王朝から色よい返事は返ってこなかった。先代の太宗と違って、高宗はそもそも優柔不断で知られる弱い皇帝である。そして王朝の内部では、出兵に対する反対意見も根強かったから、なかなか結論が出ない状態であった。もちろんその間、百済の新羅に対する攻撃も、激しさを増していった。

こうした中、654年に金春秋自身が新羅国王となり、武烈王《ムヨルワン》と称することになった。国王となった彼が、一体どのような気持ちで唐王朝の出兵を待ち焦がれていたか、『三国史記・新羅本紀』には次のようなエピソードが紹介されている。

冬十月（659年）、武烈王（すなわち金春秋）は朝元殿でぼんやりと坐っていた。いくら唐に出兵を嘆願してもよい返事はなかなか来ない。王の憂色は体全体に広がるようであった。すると突然、王の前に誰かが姿を現した。昔の臣下だった、長春郎と罷郎《ひろう》によく似た姿である。その者たちは次のように上奏した。

「臣はすでに枯骨《ここつ》となっていますが、報国の心は今でも持っております。昨日、大唐に参り、皇帝が大将軍蘇定方《そていほう》らに、兵を率いて百済討伐に向かうよう命じたことを知りました。急いでそれを、大王に報告に来たのです」

武烈王はそれを聞いて多いに驚き、両家の子孫を厚く賞し、さらに所司に命じて、漢山州に荘義寺を創建して、両名の冥福を祈った。

これはおそらく、後になってからの作り話であろうが、唐王朝の出兵を、一日千秋の思いで待ち焦がれていた金春秋の気持ちを、分かりやすく示すものである。

そして、彼にとって幸いだったことに、この「夢」を見た翌年の3月、唐王朝は公式に、百済への出兵を決めたのである。659年、朝鮮出兵に反対していた高宗の叔父の長孫無忌《ちょうそんむき》が、高宗の皇后である則天武后《そくてんぶこう》との政争に敗れ、失脚した結果、朝廷の実権は則天武后が握ることになった。そのすぐ後の出兵決定であるから、おそらく、優柔不断の高宗に取って代わり、決断力に富んだ則天武后が決定を下したと思われる。とにかくこの決断によって、金春秋と新羅は救われた。もちろんそれは、十数年にもわたり、あの手この手を使って唐王朝に働きかけ、出兵を促し続けた金春秋の絶えざる努力の賜物であった。

しかし同時に、百済の運命は、まさに風前の灯となった。当時の百済国王は前出の義慈王であるが、彼は儒教に造詣が深いことでも知られており、孔子の高弟の曾子《そうし》にちなんで「海東の曾子」と呼ばれるほどの人物であった。

義慈王は、唐王朝の出兵の直前まで、自国が最大の危機の瀬戸際に立たされていることを知らなかった。おそらくこの「海東の曾子」は、敵国の新羅が唐帝国の軍隊を半島に実際に招き入れることに成功し、百済を攻撃させる汚い手を、まさか使ってくるとは夢にも思わなかったのであろう。しかしその「まさか」が、現実となった。

660年3月、唐の高宗の命を受けた、蘇定方を遠征軍司令官とする13万人の唐軍が百済に向かって進発した。その時、新羅国王・金春秋の次男の金仁問は、副将として唐軍の中にいた。

唐軍の出動に呼応して、新羅軍も動き出した。この年の5月、金春秋（武烈王）率いる5万の大軍が、百済に向けて侵攻を開始した。唐軍は中国大陸の山東省あたりから海を渡って、半島の西海岸である百済の領土に上陸して攻め入り、新羅軍は百済の東から陸路で侵入し、攻撃した。

こうして、唐王朝と新羅の連合軍が東西両側から百済を挟み撃ちすることとなった。唐・新羅連合軍を統括したのは、当然、唐軍の大将軍である蘇定方であり、新羅の武烈王はその指揮下に入った。

対新羅の単独戦なら優勢であった百済も、さすがに唐・新羅連合の大軍には歯が立たなかった。7月9日、唐・新羅連合軍はついに百済軍の主力部隊を破り、同12日に、百済の首都である泗沘《サビ》城を包囲した。翌13日、義慈王は泗沘城を放棄して熊津《ウンジン》城に逃げ込んだが、それも直ちに包囲されてしまった。18日、観念した義慈王はついに唐・新羅連合軍に降伏を申し入れた。ここに、百済という国は滅亡したのである。

首都の泗沘城が唐・新羅連合軍の手に落ちた時、百済の宮廷に仕えていた3000人の宮女たちが、城内の扶蘇《プソ》山の断崖から白馬江に身を投じたという悲話があり、「落花三千」として今でも語り継がれている。よく考えてみれば、人の涙を誘うこの悲劇を生んだ張本人は、中国大陸からやって来た唐王朝軍であると同時に、朝鮮半島にその侵略軍を招き入れた、同じ朝鮮民族の新羅とその国王・金春秋でもあったのだ。

侵略軍の先導役を務めた高句麗の元最高権力者

悲願の大仕事を成し遂げた金春秋は、百済滅亡翌年の661年7月、武烈王として在位のまま死去した。外国の侵略軍を半島に招き入れるという、前代未聞の禁じ手まで使って百済を滅ぼし、生涯の復讐を果たした彼は、おそらく心残りのない、穏やかな最期を迎えたであろう。しかし彼によって悲劇的な犠牲者が一気に増えた三国統一戦争は、依然として継続中であった。

百済を滅ぼした後、唐王朝の次の標的は当然、高句麗である。そもそも唐王朝にとって、百済征伐は高句麗攻略という真の目的を達成するための、単なる通過地点に過ぎなかった。百済での戦後処理を終えた直後から、唐王朝はさっそく次のステップに移った。

660年12月、百済滅亡のわずか5カ月後、唐の高宗は正式に高句麗征伐を発表した。そして翌年の661年4月、帰国していた蘇定方を、ふたたび朝鮮半島出兵の主将に任命した。唐王朝は全35道の兵力を動員して、高句麗侵攻の準備を着々と進めていた。

新羅の武烈王（金春秋）が急死したのはちょうどその頃であるが、彼の後を継いで文武王《ムンムワン》（在位661〜81年）が即位すると、唐の高宗はさっそく、百済征伐の従軍を終えて長安に戻っていた金仁問（金春秋の次男、文武王の弟）を新羅に帰国させ、喪中の文武王に高句麗征伐への共同出兵を命じた。もちろん文武王は命じられるままに、金仁問などを将軍とする遠征軍を編成して待機させた。

一方の高句麗は、唐・新羅連合軍の侵攻に備えて、徹底抗戦の準備を進めていた。高句麗では前述のように642年、淵蓋蘇文《ヨンゲソムン》という実力者の大臣がクーデターを起こして、国王である栄留王《ヨンニュワン》と側近の大臣たちを殺した。政変の成功後、淵蓋蘇文は傀儡《かいらい》の国王を立てながら、自らは大対盧《だいたいろ》という最高の官位について、政治と軍事の全権を握った。高句麗では、淵蓋蘇文を中心とした強力な政権が出来たことで、644年から48年にかけて唐の太宗が発動した三度の侵攻を、ことごとく撃退することに成功したのである。

そして661年から始まった唐・新羅連合軍の攻撃に対しても、淵蓋蘇文率いる高句麗軍は猛烈に抵抗した。緒戦では連合軍が快進撃を続けた。海を渡って攻めてくる唐王朝軍と、百済方面から陸路で攻め入った新羅軍は、高句麗奥地で合流し、首都である平壌城を包囲した。

しかし高句麗軍の必死の抵抗にあって、唐・新羅連合軍はとうとう、平壌城を陥落させることが出来なかった。包囲して半年以上経っても頑強に抵抗し、やはり落とすことが出来ない。こうした中、兵糧の不足や悪天候が続くなど、状況の悪化に耐えきれなくなった唐・新羅連合軍は、高宗の命令で撤退を余儀なくされた。

唐・新羅連合軍による平壌包囲戦は、かくして失敗に終わったが、唐王朝にとって、平壌を包囲できたことは、長年の高句麗遠征でも大きな成果であった。なぜなら今までの軍事侵攻は、ほとんど高句麗軍の防御線付近で撃破され、高句麗中心部に攻め込んだことは一度もなかったからだ。この時初めて、首都の平壌まで進軍し、包囲することが出来たから、戦略的意味においては大勝利といってもよかった。

唐王朝軍がここまで侵攻することが出来たのも、新羅の協力に負うところが大きかった。新羅からの作戦の提案と支援を得て百済を滅ぼしたことで、まず高句麗を孤立させることに成功した。そして朝鮮半島南部を唐・新羅連合軍が制圧したことで、高句麗の背後と正面から、連合軍が挟み撃ちすることが可能になった。高句麗奥地まで侵入した唐軍に対し、新羅が全力を挙げて兵糧など補給物資の供給を行ったからこそ、両国の連合軍が半年以上にわたって、平壌を包囲することが出来たのだ。

言ってみれば、金春秋死去後も、彼の謀略は依然として機能しており、それが唐帝国を大いに助け、高句麗を苦しめていた。三国統一戦争を終結へと導いた主役は最初から最後まで、やはりこの金春秋という人物だったのである。

唐・新羅連合軍による第一回目の高句麗征伐からの撤退後、唐王朝はさっそく態勢を立て直し、再度の侵攻を計画しようとしていたが、思わぬ事態が起きた。滅亡したはずの旧百済領で、国の復興を目指す勢力が立ち上がり、唐王朝・新羅占領軍に対して戦いを挑んできたのだ。百済再興勢力はさらに、隣国の日本（大和朝廷）から大軍を招き入れて、唐・

新羅占領軍を追い払おうとした。

このため、唐・新羅連合軍は、百済復興軍と組んだ大和朝廷軍との戦いに全力を注ぐことを余儀なくされた。この戦いの結果、日本からの遠征軍が、かの有名な白村江で全滅することになったが、この戦いのため、唐と新羅は、高句麗征伐を一時的に中断せざるを得なかった。

唐・新羅連合軍が高句麗への軍事侵攻を再開したのは、「白村江の戦い」から4年後の667年になってからである。連合軍にとっては今度こそ、満を持しての必勝の戦いであった。

さらにこの「最後の戦い」が始まる前、高句麗国内では、国の根幹を揺るがす政変が起きた。

665年、高句麗の最高権力者である淵蓋蘇文が死去したのである。国を率いて対唐・新羅戦に勝ち抜いてきた、この強力な指導者の死が、高句麗の弱体化につながるのは必至であったが、悪いことは重なるもので、彼の死後、後継者争いのお家騒動が起き、高句麗の政治中枢は大混乱に陥った。

淵蓋蘇文には、男生《ナムセン》、男建《ナムゴン》、男産《ナムサン》という三人の息子がいた。晩年の淵蓋蘇文は、自らの死後の一族の安泰を考えて、三人の息子それぞれに軍権を移管し、三人が協同して軍事政権を運営する後継者体制を作っておいた。

淵蓋蘇文が死去すると、長男の男生が後を継いで、次の大対盧に就任し、政権の頂点に立ったが、男建、男産の残る二人はけっして心服したわけではなく、兄弟間の疑心暗鬼が始まった。

666年初め、男生は地方の巡回視察に出かけて、首都平壌の留守を二人の弟に任せた。しかし配下の者にそそのかされた男建、男産は、突如として反旗を翻した。彼らは平壌を占領して政権の中枢を握り、兄の男生が首都に戻ってくることを拒んだ。

突然の政変で権力の座から追放された男生は、急いで高句麗の副都である国内城（現在の中国吉林省にある）に逃げ込んで、弟たちの中央政権と対峙した。しかし全体的情勢は男生に不利であった。首都と政権の中枢が弟たちに奪われた以上、自分の力だけで奪還するのはもはや不可能。国内城に閉じこもっていたら、ジリ貧となって、いずれ中央政権に討伐され、滅ぼされる運命にある。

では、どうやって生き延びればよいか。そこで男生が思い当たったのも、やはり唐帝国であった。彼の拠点である国内城とその支配する地域は、ちょうど高句麗と唐帝国との国境近くにあるから、唐王朝に降《くだ》り、その強大な力を頼りにすることが、男生にとって、起死回生の秘策となった。

こうして、あれほど唐帝国に徹底抗戦した英雄・淵蓋蘇文の嫡子であり、しかも一度は高句麗の最高権力者の立場にあった男生は、自らの生き残りのため、唐王朝に降伏する決断を下したのである。

降伏の意を伝えるため、彼はさっそく、自分の側近を長安に遣わした。しかし唐王朝側は男生の投降話を、にわかに信じられなかった。何しろ、一度は高句麗の最高権力者の立場にいた人間である。簡単に降伏することなどあり得ないと思われたのだ。

男生は再度、もう一人の高官を派遣して、投降の意思を明らかにした。それでも唐王朝は受け付けてくれない。途方に暮れた男生はついに一大決心して、666年夏、嫡男の献誠を名代として長安に派遣した。献誠に自分の窮状を訴えさせ、降伏を申し入れたのである。それと同時に、唐王朝軍の高句麗攻略の先導役を務めることを申し出た。

これで初めて、唐王朝は男生の申し出が本当であると信じた。もちろんこれは、再度の高句麗征伐を考えていた唐王朝にとって、願ってもない絶好のチャンスであった。

さっそく動き出した唐王朝はまず、援軍を派遣して、男生の閉じこもる国内城の救援に向かわせた。唐軍が高句麗領内に入ると、男生は、国内城はもちろん、自らの支配下にある南蘇、蒼岩《そうがん》など6つの城と10万戸の人民を、唐王朝に献上した。

そして667年、男生は自ら長安へ赴き、唐に入朝した。韓国古代史研究家・盧泰敦博士の前掲書の記述によると、長安に入った男生は、高句麗の国内事情を次々と唐王朝に教えて、高句麗攻略の具体案について色々と献策した。そして、その後に展開されていく高句麗征伐において、男生は当然のように侵略軍を先導する役割を果たし、死ぬまで唐王朝に積極的に協力したという。

男生の投降によって、高句麗の北の玄関口が開かれた。それに加えて、高句麗の元の最高権力者である男生自らが、高句麗攻略の先導役まで買って出てくれた。もはや唐王朝に、再度の高句麗征伐をためらう理由は何もない。時は戻るが666年12月、唐の高宗は李勣《りせき》を総司令官とする大規模な遠征軍を編成させ、高句麗征伐を命じた。667年2月、李勣軍は唐と高句麗の国境にある遼河を渡り、一路平壌へと向かった。

同時に高宗は、新羅にも出兵を命じた。新羅の文武王は、ふたたび金仁問を大将とする軍を派遣し、南方面から高句麗に攻め入った。668年、合流した唐軍と新羅軍は、平壌城をふたたび包囲した。

平壌城が絶望的な状況になると、かつて淵蓋蘇文によって立てられた傀儡国王の宝臧王《ポジャンワン》が、その生涯一度きりの決断力を発揮して、事態の収拾に乗り出す。彼は淵蓋蘇文の息子の一人である男産に使者を命じて、重臣98名を連れて平壌城から出て、連合軍の本陣に降伏を申し入れた。

淵蓋蘇文のもう一人の息子である男建は、それでも籠城を続けて抵抗した。しかし、彼から軍の指揮権を委ねられた僧の信誠が唐・新羅連合軍に内通するに至り、平壌城の城門が信誠によって開けられたのを合図に、唐・新羅軍がいっせいに城内になだれ込んだ。その日をもって、600年以上の歴史を誇った東アジアの大国・高句麗は滅び、歴史の舞台から姿を消したのである。

唐軍に最終的な勝利をもたらした最大の「功労者・貢献者」は、皮肉にも高句麗の元最高権力者、大対盧だった男生である。内紛に敗れた彼が、領土と領民を献上して降伏したからこそ、唐王朝は長年の宿敵である高句麗を打ち破ることができた。しかし高句麗の立場にしてみれば、あるいは半島の朝鮮民族全体の立場からすれば、この男生こそ、絶対に許すことのできない裏切り者であり、本物の売国奴であるはずだ。本章に度々登場してくる盧泰敦博士も、男生の所業にかんして、「倫理にもとる反逆」だと評する小見出しをつけた上で、「(三兄弟の) 愚かさと卑劣さが歴史の嘲笑の対象となった」と嫌悪感を露わに、激しく批判していたのである。

しかしそれなら、同じ民族の一員として、唐王朝の遠征軍を進んで半島に招き入れた金春秋への評価はどうなるのか。外国の侵略軍を民族内の紛争に巻き込んだ点において、金春秋と新羅のやったことは、男生のそれと変わらないのではないか。そもそも、唐王朝軍の力を頼りにして朝鮮史上初の三国統一戦争が終結したことは、一体どういう意味を持っていたのだろうか。これらについては、本章最後の部分で改めて総括してみるつもりである。

白村江の戦いで梯子を外された日本軍

半島の三国統一戦争に巻き込まれたのは唐王朝だけではない。もう一つの隣国、日本も同じであった。本節では、日本の歴史上も大きな出来事となった「白村江の戦い」の一部始終を見てみよう。

唐王朝軍を半島に誘い入れたのは新羅であったのに対し、日本の大和朝廷軍を半島内の戦いに巻き込んだのは、新羅と争っていた百済である。

白村江の戦い（663年）のはるか昔から、百済は日本の大和朝廷と緊密な関係にあった。半島が三国鼎立時代に入った当初より、百済は高句麗・新羅と対抗するために、大和朝廷に積極的に接近して、同盟関係を結ぼうとしていたのである。

百済が大和朝廷に初めて交渉を求めてきたのは近肖古王《クンチョゴワン》（在位346〜75年）の時代であった。当時、高句麗と激しい攻防戦を展開していた百済は、中国の晋王朝に朝貢を続けながら、日本の大和朝廷にも使者を遣わして、外交関係を結んだ。

372年（諸説あり）、高句麗と戦っていた近肖古王から、大和朝廷に「七枝刀」という宝刀が贈られた。それは今でも、奈良県天理市の石上《いそのかみ》神宮に保存されているらしい。

397年、高句麗との戦いで劣勢に立たされていた百済は、太子の腆支《チョンジ》を人質として日本に送り、よりいっそう緊密な関係を求めてきた。

それ以来、日本に人質を送ることは、百済の対日外交上の慣例となった。百済が半島内の紛争で形勢不利となった時に、大和朝廷に何らかの支援を求めてくるのも、それ以来の〝慣例〟となった。その代わりに、百済は中国大陸から伝来した文化や文物、そして五経博士や医博士、採薬師などの人材を次から次に日本へ提供して、対日関係の強化に努めた。

時代を下って6世紀の初め、百済の武寧王《ムリョンワン》（在位502～23年）の時代、百済が朝鮮半島最南部の加耶《カヤ》諸国の覇権をめぐって、新羅と争うことになった時、武寧王は加耶地域に大きな影響力を持つ日本に支援を求めた。大和朝廷の継体天皇から「水軍五百」などの軍事援助を受けた百済は、対新羅戦に勝利して、加耶地域の一部を併合することに成功した。

そして武寧王の後を継いだ聖王《ソンワン》（聖明王、在位523～54年）の時代、百済は新羅に対する本格的な攻略戦を実行に移そうとして、大和朝廷の欽明天皇に軍事支援を求めた。それを受け入れた欽明天皇は、「兵一千人、馬百頭、船四十隻」からなる救援軍を半島に派遣したと伝えられている。その見返りとして、百済の聖明王が大和朝廷に仏像と仏経を贈ったようで、これが日本における「仏教公伝」の始まりであると言われている。

このようにして百済は、建国以来数百年間、大陸伝来の先進文化を日本に伝えることを最大の外交カードにして、大和朝廷と緊密な関係を結び、対高句麗・新羅の覇権争いで優位に立とうとしていた。時には大和朝廷に軍事援助を求めることも珍しくなく、外国勢力を半島内の紛争に巻き込むやり方は、その後の金春秋や新羅のそれと一脈相通じるところがあった。

しかし、紀元6世紀から7世紀にかけて、中国大陸で隋王朝と唐王朝という二つの強大な統一帝国が相次いで出現すると、百済の「日本巻き込み戦略」は効果を失った。中華帝国が半島内の紛争に本格的に介入してくると、国力が比べものにならない日本の存在感は、薄くなる一方となったからだ。そして前述のように、唐帝国が新羅と手を組んで半島に侵攻してきた時点で、百済の運命はすでに決していたといえる。

唐王朝・新羅連合軍の侵攻に直面した危機的な状況で、百済は当然、あらゆる形の軍事支援を日本に求めた。しかしその時点では、どういうわけか、大和朝廷はいっさい動かなかった。おそらく、唐・新羅連合軍の襲来があまりに迅速だったため、大和朝廷には反応する時間も与えられなかったのではないか。物理的な距離を克服する通信手段がなかった時代、海を隔てた日本が正確な情報を得て、半島の急変に反応するのは、どうしても遅れる。

日本が百済救援を決めたのは、結局、百済が滅亡した後のことである。660年7月、泗沘城が唐・新羅連合軍によって陥落させられ、国としての百済は滅びたが、その直後から、旧領内の各地で百済の遺臣たちが蜂起し、百済復興運動を開始した。

蜂起の中心となったのは、百済の王族に連なる鬼室福信《クイシルボクシン》という人物だ。彼は勢力を拡大して、あっという間に3万人規模の復興軍を作り上げた。

この年の10月、百済復興軍は使者を日本に遣わして、大和朝廷の援軍を求めた。彼らは、日本からの援軍を得ることで、百済の地から唐・新羅連合軍を追い払い、国を再興しようと考えた。

当時、百済の遺臣たちが日本から援軍を引き出すにあたって、とっておきの切り札があった。百済最後の王・義慈王の王子で、人質として日本に滞在していた豊璋《プンジャン》である。彼は百済王子として20年以上、日本の都で暮らしており、天皇家をはじめ、大和朝廷の政権中枢と密接な関係にあったと考えられる。

そこで百済復興軍は大和朝廷に対して、復興運動のシンボルとすべく、豊璋王子を半島に送還してもらうよう嘆願すると同時に、王子の祖国帰還を護衛する形で、大規模な援軍を送ってもらうことも要請した。

これを受けて、斉明天皇の下で大和朝廷の実権を握っていた中大兄皇子（後の天智天皇）は百済支援を決断し、豊璋王子の送還と援軍の派遣を決めた。翌661年9月、中大兄皇子は安曇比羅夫《あずみのひらふ》など数名の将軍が率いる兵5000と軍船170隻に豊璋王子を護衛させ、帰国させた。帰国した豊璋王子は鬼室福信らに迎えられ、復興運動の本拠地となった周留《スル》城に入城した。豊璋は百済の新しい国王に立てられ、復興運動のシンボルとなった。

その時、日本から派遣された5000の援軍も豊璋と共に周留城に入ったと思われるが、その後、大和朝廷はさらに2万7000人の第二次派遣軍と、1万人あまりの第三次派遣軍を続々と朝鮮半島に投入し、本腰を入れて百済復興運動を支援したのである。

日本はこうして、古代史上最大規模の「海外派兵」に踏み切った。しかし百済が健在ならともかく、国家としてすでに滅亡してしまっていたこの段階で、大和朝廷はなぜ、今さらのように援軍派遣を決めたのか。その真意は今なお歴史の謎であるが、おそらく大和朝廷の意思決定の背後には、豊璋王子の存在が大きかったのではないか。

長期間にわたった日本滞在で、豊璋王子は皇室をはじめとする大和朝廷の中枢と親密な関係を結んでいた。彼が母国に迎えられて、復興運動の中心となる話が持ち上がったからこそ、大和朝廷と中大兄皇子は百済の復興を支援する気になったのではないだろうか。実際、豊璋王子を祖国に送り届ける時、中大兄皇子は大和朝廷の高い地位の象徴である織冠《しょくかん》(官位)を王子に授け、貴族の多臣蒋敷《おおのおみこもしき》の妹を娶《めあわ》せたことからも、厚遇ぶりと期待の高さがうかがえる。

しかし結果的には、中大兄皇子と大和朝廷の期待を裏切ったのも、この豊璋王子であった。帰国してまもなく、豊璋王子は復興運動の事実上の中心人物であり、自分の帰国の立役者でもあった鬼室福信を「謀反」の罪で殺してしまった。もちろん単なる濡れ衣であろう。「謀反」するくらいなら、鬼室福信は最初から、豊璋王子をわざわざ迎えようとしなかったはずだ。

しかし鬼室福信の殺害によって、百済復興運動はその勢いを大きく削がれた。復興運動の大黒柱であり最大の功労者である福信が内紛で殺害されたことで、復興勢力の団結が一気に崩れたのである。

もちろんそのことは、日本から百済に派遣された援軍にとっても、極めて深刻な事態だった。復興運動を支援しようと、はるばる半島までやって来たのに、肝心の百済側の組織が内輪もめで空中分解してしまったことで、梯子《はしご》を外された格好になったのは日本軍の方である。

それ以降、日本からの軍勢は百済復興勢力からの協力をほとんど得ることができなくなり、異国の地で強大な唐王朝・新羅連合軍と、ほぼ単独で戦うことになった。その結果がすなわち、「白村江の戦い」における大和朝廷軍の完敗と全滅であるが、日本からの軍を半島に誘い込んだ百済復興勢力が分裂した時点で、この敗北はすでに決まっていたといえる。

日本兵の血が白村江を赤く染めていた時、肝心の豊璋王子はどうしていたか。数名の腹心と共に戦場から離脱して、高句麗へと逃げていたのである。

日本という外国の軍勢を自国の戦争に巻き込んでおきながら、いざとなると自分だけ、上手く逃げようとする。それが、豊璋という半島人の卑怯極まりない生存術であった。

朝鮮民族こそが周辺国にとっての加害者

以上、われわれは、白村江の戦いを含め、朝鮮半島史上の三国統一戦争の一部始終を、つぶさに見てきた。

半島史上極めて重要だといわれるこの戦争は、一体どういう性質のものだったのか。これに関して、本章に何度も登場してきた、韓国古代史研究の第一人者である盧泰敦博士は、前掲書の最後で、簡潔に総括している。彼曰く「三国統一戦争は、三国間の統合戦争であり、唐の三国侵略であった」。

確かにその通りである。少なくとも朝鮮民族の立場からすれば、三国統一戦争とは確かに、中華帝国による朝鮮半島への侵略戦争であった。唐王朝は侵略軍を派遣して半島国家の百済に攻め入り、滅ぼした。さらに大軍を派遣して高句麗を侵略して滅亡させた。これほど侵略という言葉があてはまる外征の軍事行動はないだろう。

しかし忘れてはいけないのは、まさに本章で繰り返し指摘してきたように、唐帝国の侵略軍を半島に誘い込み、その侵略戦争に最初から最後まで協力し続けたのは、同じ半島国家で同じ民族の新羅に他ならない、ということだ。

とくに百済侵略のケースはひどいものであった。唐王朝にあったのは高句麗征伐の考えだけで、地元の協力や補給のないまま海を渡って百済に侵攻する発想はなかったのである。それを発案して唐王朝に献策したのは、半島人の金春秋であり、唐の侵略軍を半島に招き入れて百済を滅ぼした張本人は、新羅の国王にもなったこの人物である。

近代韓国の「民族史学」を確立した歴史家の申采浩《シンチェホ》は、1908年に発表した『読史新論』において、新羅による三国統一を評し、「異種を呼び込んで同種を滅ぼすことは、盗賊を引き入れて兄弟を殺すことと同じ」と厳しく批判したが、金春秋と新羅がやったことは、まさにその通りである。ただし、「盗賊を引き入れて兄弟を殺す」というなら、高句麗の大対盧であった男生がやったことも、それにぴったりあてはまるであろう。弟たちとの権力争いに勝つために、男生は何と、唐王朝からの侵略軍を自国に招き入れて、自分の生まれ育った祖国を滅ぼしてしまった。

結局、唐王朝による朝鮮半島侵略を背後から後押しする協力者となったのは、ことごとく、朝鮮民族だった。隋王朝による高句麗侵略の時も同じことである。百済も新羅も、競い合うように中華皇帝の前にはせ参じて、高句麗への出兵を嘆願し、促したではないか。言ってみれば、誰よりも中華帝国からの侵略を待ち望んでいたのは、彼ら自身であったのである。

21世紀の現在、韓国人や韓国政府は「わが民族は歴史上、1000回以上の侵略を受けて甚大《じんだい》な被害を受けた」と言って、自分たちは「侵略の被害者」であると強調する。しかし三国統一戦争の歴史をつぶさに見てくると、そして本書の今後の記述からも明らかになるように、歴史上、朝鮮民族が受けてきた侵略の多くは、彼ら自身がむしろ招き入れた外国軍の介入であり、彼らが「待ち望んでいた」ことなのだ。そんな彼らを、一概に「侵略の被害者」と見なすことができるだろうか。

歴史のそれぞれの局面で検討すれば、確かに朝鮮民族の一部は、外国からの侵略の被害者だと言えることもある。たとえば百済滅亡がそうであろう。しかし他方では同時に、外国の侵略から利益を得た人もいた。たとえば金春秋であり、新羅である。新羅という国はまさに、唐王朝の侵略軍の力を借りて三国統一戦争に勝ち抜き、半島史上初の統一国家を作り上げることができたのである。

新羅がそうした形で勝利を収め、統一国家となったために、半島国家はそれ以降、大陸の中華帝国にもはや二度と、頭が上がらなくなったことは重要である。中華帝国にひたすら恭順の意を示して「臣下」として生きていく「事大主義」は、新羅の一貫した国策となり、さらに新羅以後も、歴代半島国家の不変の伝統となった。

朝鮮戦争前にソウル大学校師範大学長・文理大学長を歴任した、歴史学者の孫晋泰《そんしんたい》氏は、名著『朝鮮民族史概論』（1948年）において、「高句麗による民族統一が成し遂げられず、新羅によって民族と領土の半分的統一（編集部注・新羅統一後、大同江以北の半島北西部と旧高句麗領の中国東北部地域が唐および渤海の領土となったため「半分」と形容される）がなされたことは、民族的にも大きな不幸である」と論じていたが、まさしくその通りであろう。

中華帝国に敢然と立ち向かう高句麗によってではなく、中華帝国の武力を借りた新羅によって、民族と領土の統一がなされたことは、朝鮮民族にとって「民族的にも大きな不幸」だったと言えるだろう。だが、この「不幸」は結局、彼ら自身が招いた結果ではないのか。

いずれにせよ、本章で克明に記述した通り、外国勢力を半島内部の紛争に巻き込もうとすること、侵略軍を半島内に誘い込んで便乗することは、三国統一戦争中の、半島の国々に共通する行動パターンであった。

隋王朝の皇帝に高句麗への討伐を要請し、そそのかしたのは、同じ半島国家の新羅と百済である。そして唐王朝の時代になると、新羅は唐帝国を半島内の紛争に巻き込むための具体的な計画まで立てて、見事に実現してしまった。

他方で、百済は常に、海の向こうの日本を半島内の戦いに巻き込もうとしていた。その努力も空しく、国が滅亡してしまった後、百済の再興を目指す遺臣たちと、日本に滞在している百済の王子がようやく、大和朝廷の援軍を半島に誘い込むことに成功した。しかし、せっかく日本からの支援軍が半島に到着しても、彼ら自身が内部の権力闘争で分裂してしまい、梯子を外された格好の日本軍は完敗、全滅の道をたどった。

つまり、半島の人々が常套《じょうとう》手段として使う「外国勢力巻き込み戦略」は、結局、周辺の国々に多大な迷惑をかけることが多いのだ。白村江の戦いで手痛い犠牲を払った日本は、まさにこの「巻き込み戦略」の古代における最大の被害者であったが、新羅や百済にそそのかされて、無謀な高句麗征伐を断行し、国を滅ぼした隋の煬帝も、そういう意味では、半島政治の「被害者」と言えなくもない。

百済征伐と高句麗征伐の両方で最終的勝利を収め、中華帝国の面子《メンツ》を保った唐王朝にしても、朝鮮半島での戦争で、面子を保つ以上の利益を得たことはほとんどなかった。唐王朝の遠征は単に、新羅の朝鮮半島統一を助けただけのことである。

中華帝国にしても日本にしても、朝鮮半島と深く関わると、最終的にはみな火傷してしまうのだ。

いざという時、外国勢力を半島内の無用な紛争に巻き込み、思う存分利用しようとする。そして、相手に多大な犠牲と流血を強いて、迷惑をかけまくる。実はそれこそが、周辺国を火傷させずにおかない、半島民族に一貫した「千年不変」の習性なのである。

第六章
米中両大国を朝鮮戦争に巻き込んだ二人の〝A級戦犯〟

朝鮮戦争とは一体何だったのか

前章でわれわれは、朝鮮古代史上の三国統一戦争において、中国と日本を半島の内部紛争に巻き込んで多大な被害を与えた歴史を検証したが、実は近現代になってからも、朝鮮民族のこの悪しき習性は一向に直らず、度々繰り返されていた。

たとえば本書の第二部でも記したように、1882年に起きた壬午軍乱の時、政変によって追いつめられた閔妃側が、直ちに中国の清王朝に反乱軍鎮圧のための出兵を要請した事実などがその例である。あるいはその12年後の1894年、「東学（党）の乱」と呼ばれる農民一揆が国内で起きた時、朝鮮のやったことはやはり、清王朝に一揆鎮圧のための増兵を申し入れることであった。自国の民衆の一部の反乱を鎮圧するために外国軍の出兵を要請するとは、世界広しといえども、朝鮮の政府でしか成しえない恥知らずの「離れ業」であろう。三国統一戦争以来の民族的DNAは変わらないものである。

そして朝鮮半島の現代史上、壮絶極まりない歴史的大戦争となった朝鮮戦争でも、民族内部の闘争に、隣国の中国だけでなく太平洋の向こうの米国まで巻き込み、戦わせたのであった。

1950年6月に始まった朝鮮戦争は、後のベトナム戦争と並んで、戦後のアジアが経験したもっとも悲惨な戦争の一つとして歴史に刻まれている。前述のように米中両大国を巻き込んだ国際戦争が3年間も続いた結果、米軍を中心とした国連軍、人民義勇軍と称する中国人民解放軍、韓国軍と北朝鮮の朝鮮人民軍を合わせて、約180万人の兵士たちが死傷した（アメリカ側推計）。そして朝鮮半島の民間人の犠牲者は、400万人以上にも上ると推定されている。

だが、それほどの大きな犠牲を払った朝鮮戦争は、世界の戦史上、稀に見る「無駄な戦争」でもあった。戦端は1950年6月25日、北朝鮮軍が南北境界線の38度線を越えて、南の韓国に攻め入ったことで開かれたが、53年7月27日に休戦協定が発効した時も、38度線は依然として北朝鮮と韓国との境界線であり、以北は金日成政権の北朝鮮のまま、以南も李承晩政権の韓国で、開戦以前と何も変わらなかった。

つまり、多数の兵士と民間人を犠牲にしながら、3年間戦い続けた結果、朝鮮半島の政治的分断状況は何も変わらず、開戦以前の原状に戻っただけである。

では、米中を含む各国は一体、何のために戦ったのか。犠牲となった数百万人の人々は、何のために命を落とさねばならなかったのか。さらに途方もない数の、罪もない人々が、戦火に追われ、家を焼かれ、流民化を強いられたこの戦争が、壮大な徒労であったことを知るにつけ、馬鹿馬鹿しさを通り越して、被害者の無念がひしひしと胸に迫ってくる。

しかも、当事者である南北朝鮮の国民ならいざ知らず、米中両大国は一体何のために、この戦争を戦わなければならなかったのか。おびただしい両国の若者の血が流された理由が、どこにあったのか。私が朝鮮戦争を考える時、つねに頭の中に浮かぶのは、まさにこうした素朴な疑問である。

そこで、朝鮮戦争を考える上で欠かせない、重要な視点がある。

古代から現在にいたるまでの朝鮮半島の歴史上、朝鮮戦争こそ最大規模の戦争であったと言えよう。数百万人にも上る、この戦争の犠牲者の大半が、民間人を含む朝鮮半島の人々であったのは事実だ。しかし、よく考えてみると、朝鮮民族にそれほどの災厄をもたらしたこの戦争の原因は、けっして他民族や他の大国が、勝手気ままに朝鮮を侵略したことにあるのではない。

すなわち、朝鮮戦争は見事なまでに、朝鮮民族自身が起こした内戦だったのである。北朝鮮の金日成政権が、一方的に韓国に侵攻したことで戦争が始まったのは、今や朝鮮史上の常識となっている。

そして、朝鮮半島に入って、血みどろの戦いを繰り広げたアメリカ軍と中国軍のいずれも、北朝鮮政府と韓国政府という、要するに朝鮮人自身の政府から強く要請されて、やむを得ず参戦したのである。

つまり、朝鮮民族に史上最大の危害を加えたこの戦争は、朝鮮人自身が起こして、米中両大国を巻き込む形で戦われた。これこそ、朝鮮戦争を見る上で、重要な視点であろう。

とすれば、彼らは一体なぜ、自分たちの民族に、史上もっとも甚大な被害を及ぼすような戦争を始めたのか。そして、どこの誰が、米中両大国を「世紀の無駄」とも称すべき無意味な戦争に引き入れ、泥沼化させて、米中の若者たちに多量の流血を強いたのか。

つまり、朝鮮人と多くの外国人の若者たちが命を奪われたことについて、大きな責任を負うべき「A級戦犯」とは誰だったのか。それこそが朝鮮戦争を語る上で、徹底的に追究しなければならない重要な問題の一つであり、本章で考察していく中心的なテーマである。

スターリンを騙して開戦に踏み切った金日成

本書第二部第四章で、第二次世界大戦終結から朝鮮戦争が起きる寸前までの朝鮮半島の政治的変動を検証した。日本の敗戦に伴う米ソ両軍の朝鮮半島進駐後、いっときは朝鮮半島統一の機運が高まっていたが、朝鮮人自身による内ゲバの結果、統一のチャンスが失われ、半島の南と北で二つの単独政権が樹立することとなった。

まず1948年5月に南朝鮮で、国連臨時朝鮮委員団の監視の下、南だけの国政選挙が実施され、李承晩を中心とした右派勢力が議席の多数を占めた。7月には大韓民国憲法が制定・公布され、国会議員の間接選挙による大統領選も行われた。李承晩はここで、大韓民国の初代大統領に選出された。かくして同年8月15日、大韓民国が成立した。韓国の指導者たちはもちろん、自分たちの政府こそ朝鮮半島における「唯一の合法政権」だと宣言し、北朝鮮の政権を完全に否定した。

南のこうした動きに対し、すでに政権の実体を整えていた北朝鮮は、さっそく反応した。同じ１９４８年の９月９日、北朝鮮民主主義人民共和国の建国が宣言された。「共和国」の初代首相になったのは、もちろん金日成である。南と同様、北朝鮮も自分たちこそ「唯一の合法政府」であると主張し、大韓民国を完全に否定する態度を取った。

このようにして、朝鮮半島の北と南で、互いを否定し、敵視し合う二つの国が出来上がった。そして本書の第二部第四章で詳しく記したように、この両国とも「祖国統一」の目標を掲げて、武力で相手を併合することを国策としていた。

朝鮮半島での戦争勃発はもはや時間の問題だったが、こうした中、戦争の準備を着実に進めることが出来たのは北朝鮮の方であった。

共産党（労働党）独裁政権の下、北朝鮮は内部の反対勢力を根こそぎ撲滅し、経済の社会主義化を迅速に推進することができた。これにより、金日成は、全体主義的な「挙国体制」を作り上げることにまず成功したが、この体制はそのまま、「戦争のできる」体制でもあった。加えて、日本の植民地時代に作り上げられた産業基盤の大半が北朝鮮に残されていたこともまた、金日成に有利な戦争準備の基盤となった。

一方の南朝鮮では、韓国建国に前後して、国内の混乱が続いた。たとえば１９４８年４

月3日、済州島で共産主義者と多くの住民が武装蜂起し、官庁や警察署を襲う事件が起きたが、それに対する政府の鎮圧作戦が完了したのは、54年になってからのことである。あるいは48年10月19日、全羅南道麗水《ヨス》市に駐屯していた韓国軍部隊による大規模な反乱事件も起きた。反乱軍は一時、麗水と、隣の順天郡一帯を支配下においた。

こうした内乱が続く中で、政権基盤が極めて不安定になった李承晩は、口では「北進統一」を叫んでも、北朝鮮に対する本格的な軍事行動を起こすのはとても無理な状況であった。しかしそれでも、李承晩政権はアメリカに軍事援助を盛んに求めて、軍備増強を進めようとした。

彼はまた、北朝鮮の国土となっている平安南北道や咸鏡南北道などの五道を「管轄」する道庁を設置し、道知事まで任命して、北朝鮮に対する挑発を続けた。

こうした韓国側の動きに刺激された北朝鮮は、よりいっそう強い決意で、軍備の拡大と政治体制の強化を図り、戦争準備を着々と進めた。1949年3月、首相となった金日成は、ソ連を訪問、スターリンと会談した。そこで金日成は、北朝鮮の軍将校の養成や戦力増強へのソ連の支援を要請し、スターリンに受け入れられた。それに続くソ連のブルガーニン国防相との会談では、金日成はさらに、砲兵旅団や機械化連隊の創設への支援を求めた。これは当然のことながら、韓国への先制攻撃を念頭においた軍備である。

その時点で、北朝鮮にとって戦争を仕掛ける上での最大の障害は、終戦以来、南朝鮮に駐屯しているアメリカ軍であった。しかし1949年6月、アメリカ軍は500名の軍事顧問団を残して、韓国から撤兵した。翌50年1月12日、米国のアチソン国務長官は、ワシントンで演説し、「アメリカが責任を持つ防衛ラインは、フィリピン—沖縄—日本—アリューシャン列島までである」と発言したが、この防衛ラインから朝鮮半島が除外されていることが注目された。北朝鮮はこの発言を、アメリカが韓国の防衛から手を引くメッセージと理解した。

これで南侵の最大の障害は「自動的に」消えたが、次に金日成が全力を挙げて取り組んだ仕事は、後ろ盾のソ連から軍事行動を開始する許可を得て、戦争遂行への継続的な支援の約束を取り付けることである。

仁川大学総長・韓国政治学会会長を歴任した金学俊《キムハクジュン》氏の前掲書『朝鮮戦争　原因・過程・休戦・影響』の記述によると、スターリンから許可を得るために、金日成は1950年3月に、再度モスクワを訪問した。韓国攻撃への承認を執拗《しつよう》に求めたのである。そこでスターリンは、金日成の南侵計画に原則的に同意を与えたものの、一つ大きな心配があった。万が一アメリカが軍事介入してきた場合、ソ連もアメリカとの戦争に巻き込まれてしまうのではないか、ということである。

そこでスターリンは、南侵計画実行の前提条件として、金日成に一つの要求を突きつけた。金日成はまず、中国共産党政権からの了承と支援の約束を取り付けるべきだ、としたのである。

中国共産党が国民党との内戦に勝ち抜いて、全国政権を樹立したのは、その直前の1949年10月のことである。建国後の中華人民共和国は、さっそくソ連と同盟を結び、ソ連を中心とした当時の「社会主義陣営」の仲間入りをした。共産国家の北朝鮮もこの陣営の一員であるから、中国と北朝鮮はいわば、ソ連傘下の「子分同士」となった。

スターリンは金日成に対して、「中国からの承認と支援」を開戦の条件として要求した。その思惑は、アメリカが北朝鮮の「統一戦争」に介入してきて収拾がつかなくなった時、その「尻拭い役」を中国に押しつけることであろう。もちろん、その後の事態の推移を知っているわれわれから見れば、スターリンの判断は実に「賢明」なものであった。

スターリンからの要求を受けた金日成は、1950年5月13日に北京を訪問。中国共産党最高指導者の毛沢東と、二度にわたって会談、武力南侵への承認を求めた。東洋学園大学教授・朱建栄氏の代表作である『毛沢東の朝鮮戦争　中国が鴨緑江を渡るまで』（岩波現代文庫）が詳しく記している。朱教授の記述によると、一回目の会談で金日成は、スターリンがその武力統一計画に同意を与えたこと、実施可能な計画であることを強調し、毛沢東からの承認を取り付けようとした。

それに対して毛沢東は、最初から難色を示した。金日成は「スターリンが同意した」と強調してたたみかけ、いわば「スターリン・カード」を使って毛沢東に同意を迫る一方、「われわれは中国からのいかなる助けも要らない」と言って、毛沢東を安心させようとした。しかしそれでも、第一回目の会談では、金日成は毛沢東からの賛意と支援の約束を取り付けることは出来なかった。

翌日の5月14日、二回目の会談が行われた。朱建栄著・前掲書によると、毛沢東はこの会談では、先日の態度とは打って変わって、「朝鮮の統一問題がモスクワで承認された以上、われわれも同意する」と述べて、ようやく「同意」という言葉を口にした。もちろんそれは〝モスクワで承認された以上、われわれも反対できない〟といった消極的な「承認」であったことは明らかだ。

そして金日成が求めた中国からの支援に関して、毛沢東は次のように述べたという。

「われわれは鴨緑江（筆者注・中朝の国境となる川）に沿って3個軍団を配置するつもりだ。帝国主義が干渉しなければ、妨げにならない。帝国主義が干渉しても38度線を越えなければわれわれは干与しない。しかし38度線を越えればわれわれは必ず軍隊を送る」

毛沢東のこの発言は、中国が金日成の発動する戦争に「関与」するかしないかの基準線を、明確に示したものである。すなわち、もし帝国主義（＝アメリカ）が戦争に介入してきた場合、米軍が38度線を越えて北に侵攻してこない限り、中国はいっさい手を出さないが、越えてきたら必ず軍を送って参戦する、ということである。

逆に言えば、その発言の意味するところは、アメリカ軍が参戦しても、38度線さえ越えなければ、中国は北朝鮮に対する直接の軍事支援はしない、という態度表明であった。その時点では、毛沢東はけっして、北朝鮮にたいする全面支援を約束したわけではない。

しかし、毛沢東のこの態度表明に対する、金日成の「理解」や「解釈」はまったく異なっていた。翌日、会談に参加した北朝鮮外相の朴憲永は、金日成の意向を受けて、会談内容についての報告をモスクワに送ったが、その中で朴憲永は、何と、「毛沢東は全面的に賛意を表し、万が一米軍が参戦すれば、中国は北朝鮮に軍隊を送って支援するだろう」という主旨の報告をしたという。

　ここで金日成と朴憲永は、明らかに嘘をついて、ソ連を欺《あざむ》く報告を行ったのである。彼らは毛沢東の消極的な承認を「全面的賛意」と歪曲した上で、「米軍が38度線を越えてきたら」という明確な前提条件をつけた毛沢東の「出兵の約束」の、肝心の部分を隠蔽《いんぺい》して、「中国が軍を送って支援する」という嘘の報告をモスクワに送った。

　こうして金日成たちは、「中国側から全面的な賛成を得て、戦争支援の約束を取り付けた」と、胸を張ってスターリンに報告した。欺瞞《ぎまん》という卑劣な手段まで使って、彼らはとうとう、韓国に対する軍事攻撃への最終承認を、スターリンから得ることに成功したのであった。それはもちろん、金日成がソ連と中国という二つの大国を、自らが引き起こす戦争に巻き込むのに成功したことを意味する。

　本書においてわれわれは、朝鮮民族が、自らの内紛に外国勢力を巻き込むことに、いかに長けているかを繰り返し見てきたが、金日成という北朝鮮の「建国の父」もまた、この民族の「伝統芸」を見事に実演してみせたわけだ。Aの話を歪曲してBを騙すという、三流以下の詐欺師の手法を使って、スターリンと毛沢東という20世紀屈指の大独裁者を、てのひらの上に乗せて翻弄したのである。

　北朝鮮はこれで、統一戦争の準備工作をやり遂げた。後に残されたのは、いつ侵攻を開始するかというスケジュールの問題だけだったが、金日成の北京訪問の翌月、6月25日に、いよいよ全面戦争の火蓋が切って落とされたのである。

3カ月で終わったはずの朝鮮戦争

1950年6月25日、北朝鮮軍は韓国に対する組織的な軍事攻撃を開始、38度線を一挙に越えて、韓国領内に侵入した。不意打ちを受けた韓国軍は、一応抵抗してみせたが、圧倒的な武力をもつ北朝鮮軍を前に、敗退を続けた。開戦わずか3日後の6月28日、首都のソウルが陥落し、李承晩大統領以下、韓国政府は南へ南へと逃げていった。そして8月20日までに、北朝鮮軍は南朝鮮の90%以上の地域を支配下においた。北朝鮮の「祖国統一戦争」は、完勝に終わろうとしていた。

韓国にとって救いだったのは、アメリカと国連が迅速に対応したことだ。アメリカ東部時間の6月24日夜、北朝鮮の南侵開始の一報をうけた米国のトルーマン大統領は、ただちに国連安全保障理事会の開会を要請した。6月27日に開かれた国連安保理は、アメリカの主導で、北朝鮮の行為を「侵略」と認定し、「軍事攻撃を撃退して、当該地域の国際平和と安全を回復するのに必要な援助を韓国に提供する」との決議を採択した。それを受けて、6月29日に開かれたアメリカの国家安全保障会議で、トルーマン大統領は「私は北朝鮮軍を38度線の向こうへ押し返すのに必要な、あらゆる措置をとりたい」と述べ、アメリカの出兵を宣言した。

6月30日、トルーマン大統領は東京駐在の連合国軍最高司令官、マッカーサーに軍出動の命令を出し、翌7月1日、駐日米軍第24師団傘下の部隊が釜山に上陸した。アメリカ軍の軍事介入が始まったのである。

上陸した米軍は、残存の韓国軍と連携して、苦戦しながら、何とか釜山という最後の砦を守り抜き、反転攻撃のチャンスをうかがっていた。

そして7月7日、国連安保理は、「国連軍」の派遣を容認する新しい決議を採択した。それ以降、米軍を中心にした国連軍が続々と釜山から上陸し、北朝鮮軍の攻勢を食い止めることに成功した。さらに9月15日、国連軍がソウル近郊の仁川に上陸作戦を敢行したことで、戦況は一変。上陸部隊によって、南侵した北朝鮮軍の補給線が断たれ、仁川と釜山の、南北両側からの国連軍の挟み撃ちにあうと、北朝鮮軍は総崩れとなった。9月28日、国連軍はソウルを奪還することに成功した。

ソウルを奪還すれば、38度線はもはや目の前だから、6月の攻撃開始から3カ月のこの時点で、南侵した北朝鮮軍は、ほぼ完全に撃退されたのである。

まさにその時、朝鮮戦争は、最大の曲がり角を迎えていたと言ってよい。国連軍派遣が決定されるまでの一連の国連決議の主旨と、アメリカが出兵した最初の目的からすれば、ソウルを奪還して北朝鮮軍を韓国領内からほぼ一掃できたこの時点で、開戦以前の原状はほぼ回復されたのであり、国連軍の参戦目的はすでに達成されたはずである。つまり、朝鮮戦争はこの時点で、終了すべきだったのだ。

北朝鮮の侵攻開始直後の6月29日、トルーマン米大統領がアメリカの国家安全保障会議を開き、米軍の出兵を決定したことは前述したが、この会議で、大統領は次のような発言をしている。

「私は、北朝鮮軍を38度線の向こうへ押し返すのに必要な、あらゆる措置をとりたい。けれども、われわれが朝鮮に深く介入するあまり、朝鮮以外で起こるかもしれない同様の事態を扱いかねることにならないように、ということを確認しておきたい。……38度線以北での作戦は、軍需品の集積地を破壊するためにのみ企てられるべきである。なぜならば、われわれの朝鮮における作戦は、そこに平和を回復し、(南朝鮮の)境界を回復するために企てられたものであることを、明瞭に理解させたいからである」と。

ここでトルーマン大統領は、朝鮮戦争に参戦するアメリカ軍の達成すべき目標と、その軍事行動の踏み止まるべき一線を、明確に規定した。つまり米軍の目的は、あくまでも北朝鮮によって侵犯された韓国領内の「平和」を回復することであり、そのためには、「南朝鮮の境界」、すなわち38度線の境界線を回復すればそれでよい。その目的のために、それ以北の軍需品の集積地の破壊はしてもかまわないが、38度線を越えて本格的な軍事進攻はしてはならない、というのが、トルーマン大統領の示した方針だったのである。

これに関して、慶応義塾大学名誉教授の神谷不二氏は『朝鮮戦争　米中対立の原形』(中公文庫)において、「朝鮮戦争におけるアメリカの戦争目的は、最初は明確に限定的なものであった」と指摘した上で、限定された目的とはすなわち、「北朝鮮軍を38度線まで撃退する」ことだと述べていた。

また、同じ神谷著・前掲書によれば、アメリカだけでなく、国連安保理も同じ方針であったという。6月27日の国連安保理決議が「国際平和とこの地域における安全保障を回復するのに必要な援助を韓国にあたえるよう勧告する」と述べて、米軍の朝鮮出兵に「お墨付き」を与えたことは前述したが、そこでの「国際平和とこの地域における安全保障の回復」

とは、当然ながら、韓国領内の平和と安全の回復を指しており、開戦以前の原状回復こそが、この決議の主旨だったのである。

こうして見ると、アメリカ政府も国連も、当初は、米軍を中心とした国連軍の活動範囲を、北朝鮮によって侵犯された韓国領内に限定していたことがよく分かる。米軍と国連軍は本来、38度線を越えてはならなかったし、北進するつもりもなかったのである。

もし、米軍とそれ以外の国連軍が、米国政府と国連決議の精神に基づいて、１９５０年9月28日のソウル奪還直後に軍事行動を停止していれば、朝鮮戦争はこの時点で早めに終わったはずである。その時の北朝鮮軍は、韓国領内からはすでに全面敗退の状態にあって、ふたたび38度線を越えて米軍中心の国連軍に反撃する力はもはやなかった。国連軍が戦闘を止めれば、その時点で戦争を終わらせることができたはずだ。そして、米軍を中心とする国連軍がしばらく韓国に駐屯していれば、韓国の平和と安全はいち早く回復できただろう。

つまり、もし事態がこの通りに推移していれば、北朝鮮によって引き起こされた朝鮮戦争は、開戦からわずか3カ月で終わっていたはずなのである。むろんそうなれば、戦争の被害も、より軽微かつ小規模なものに留まったはずである。

しかし周知のように、その後の朝鮮戦争の現実は、まったく違う展開を見せた。米国政府と国連の当初の方針に反し、国連軍は38度線を越えて、北朝鮮領内への全面進攻を開始した。ソウル奪還のわずか3日後の10月1日、国連軍の一部となった韓国軍がまず38度線を突破し、北朝鮮に侵入した。それに続いて10月7〜9日、アメリカ軍を中心とした国連軍も、大挙して38度線を越え、進撃を開始したのである。

10月20日には、国連軍が、北朝鮮の首都である平壌を占領した。そして同月26日、韓国軍の先頭部隊が中朝国境の鴨緑江にまで達した。これで国連軍は、朝鮮半島全土をほぼ制圧したのである。しかし38度線突破によって、朝鮮戦争は暗転することとなった。10月19日、中国人民志願軍と称する中国共産党軍の大部隊が、極秘裡に鴨緑江を渡って、北朝鮮に進入した。隣の大国の中国が、アメリカ軍を中心とする国連軍を相手に、朝鮮戦争に参戦してきたのである。

中国が参戦してきた理由

歴史を振り返ってみれば、この10月19日こそ、朝鮮戦争の被害が朝鮮史上最大規模に拡大していくにあたっての、最大の出来事だったのである。中国軍という手強い強敵の参戦によって、米軍と国連軍はそこからさらに2年9カ月以上、朝鮮半島で必死の苦闘を続ける事態に追い込まれた。本来なら1950年9月に終了するはずだった朝鮮戦争を、53年7月まで長引かせ、3カ月で終わるはずの限定的な戦争が、3年間にもわたる悲惨な大国間の国際戦争に発展したのである。戦闘員と民間人を含めた600万人の戦争犠牲者の大半が、この中国軍参戦以降に発生した犠牲であったことはいうまでもない。

とすれば、中国は一体なぜ参戦してきたのかが、次に重要な問題となってくるであろう。朝鮮戦争の拡大と長期化の最大の原因は、中国軍の参戦だったからである。

中国軍参戦の理由を考える上で想起すべきは、朝鮮戦争開戦前の1950年5月14日、毛沢東が、中国の南侵への了承と支援を求めてやって来た金日成に対して言った、次の台詞である。

「われわれは鴨緑江に沿って3個軍団を配置するつもりだ。帝国主義が干渉しなければ、それを妨げない。帝国主義が干渉しても38度線を越えなければ、われわれは干与しない。しかし38度線を越えれば、われわれは必ず軍隊を送る」

繰り返しになるが、毛沢東はここで、中国軍が参戦する条件を、明確な言葉で表明していた。帝国主義者（すなわち米軍）が参戦してきても、38度線さえ越えてこなければ中国は関与しない。しかしひとたび越えれば、必ず参戦する、という趣旨の発言こそ、中国共産党政権の一貫した基本方針であった。

金日成がスターリンの指示にしたがって、開戦への承認を中国指導部に求めてきた時、毛沢東は「同意」という言葉を一応は口にしたが、それは「消極的な同意」にすぎなかったことは前述した。当時の中国共産党政権は、長年の内戦に勝ち抜いてようやく中華人民共和国を建国したばかりであり、国内の安定の維持と経済の回復が何より急務とされ、外国へ出て行って戦争するどころではないのが実情だった。しかも、内戦の敵である蔣介石の国民党政府が、台湾に移って共産党政権への抵抗を続けていたから、中国は依然として内戦状態であり、毛沢東率いる共産党の最大の関心事は、台湾にある国民党政府をいかに始末するかであった。

こうした中で、中国は当初、朝鮮戦争に対する関心が薄かったのである。朱建栄著・前掲書によれば、北朝鮮が6月25日に南侵を始めてからの2日間、中国は朝鮮戦争のために特別の会議を開くこともなく、国境地帯での軍隊の移動も、何もしなかったという。

中国共産党機関紙の人民日報が、初めて朝鮮戦争関連の社説を掲載したのは6月27日であった。開戦しても、人民日報の朝鮮戦争に関する記事は、ほとんどが後半の紙面に掲載されており、北朝鮮に対する支援への言及は、まったくなかったことも確認されている。

中国は建国後すぐに北朝鮮と外交関係を結んだが、肝心の中国大使がなかなか平壌に赴任してこなかった。朝鮮戦争中の8月13日、駐朝中国大使がやっと赴任してきたが、その新任の挨拶の中では、北朝鮮への中国の支援を示唆するような表現はまったくなかった。

朱建栄著・前掲書の言葉を借りれば、「中国は『6・25』（開戦）以後の約3カ月余り、傍観者の立場だった」のである。

中国が初めて朝鮮戦争への介入の姿勢を示したのは、やはり国連軍が38度線を突破してからのことである。前述のように、韓国軍が率先して38度線を突破したのは10月1日のことであり、まさにその日から、中国共産党政権はそれまでの「傍観者」の姿勢を一転させ、公的にも慌ただしい動きを見せた。

まず10月2日の深夜、中国の周恩来首相兼外相は、北京駐在のインド大使を外務省に招き、「もし（韓国軍だけでなく）国連軍が38度線を越えて北進する場合、中国は朝鮮に介入せざるを得ない」と伝えた。中国共産党政府は当時、アメリカ政府と外交上の接点をまったく持っていなかったから、インド大使からこの発言をアメリカに伝えさせるのが、周恩来の狙いだった。インド大使およびインド政府を経由して、周恩来発言はアメリカ政府に伝達され、トルーマン大統領の耳にも入った。

そして金学俊著・前掲書によると、同じ10月2日に、毛沢東は党幹部を招集し、朝鮮戦争への派兵を決めた。10月4日には、派遣軍の司令官に就任することになった彭徳懐将軍が北京に呼び出されて、朝鮮戦争への参戦について話し合う共産党政治局会議に出席した。

10月7日、国連軍の38度線からの北上を許可する国連決議案が可決された。まさにその日、毛沢東は現地で戦う中国人民志願軍を組織せよとの正式命令を下し、中国の参戦がいよいよ秒読み段階となった。そして10月19日、中国軍が鴨緑江を渡り、戦争に加わったことは前述した通りである。

この一連の経緯を見ると、当初は傍観の態度を取っていた中国が、一転して参戦へと方針転換した最大の理由は、やはり国連軍による38度線の突破だったのである。毛沢東は最初から、「帝国主義が38度線を越えてくれれば、中国は必ず介入する」と明言していたが、事態はまさにその通りに動いた。

中国共産党政権がなぜ、それほど38度線にこだわっていたかという問題は、朝鮮民族と朝鮮史に焦点を当てた本書のテーマから外れるため、ここでは深く立ち入らない。重要なポイントは、国連軍による38度線突破こそが、中国の参戦を促した直接の原因であった、という歴史的事実である。

前述したように、中国の参戦によって、朝鮮戦争は長期化と拡大の一途をたどり、結果的に甚大な被害をもたらすことになった。とすれば、当初は予定されていなかった国連軍の北進と38度線突破が、一体なぜ起きてしまったのか、それを決めたのは誰かという問題点を、朝鮮戦争の責任問題を考えるため、是が非でも追及しなければならない。

「38度線突破」の首謀者は李承晩だった

朝鮮戦争の拡大化と長期化に直結した国連軍の38度線突破を主導したのは、一体誰なのか。結論からいえば、当時の大韓民国大統領の李承晩その人こそ、この軍事行動の画策者であり、主導者だったのである。

前述のように、朝鮮戦争の勃発前から、李承晩は筋金入りの「北進統一論者」であった。半島が南北朝鮮に分断された状況下で、彼は金日成と同様、武力をもって相手を撃滅した上での「祖国統一」を夢見ていた。

開戦の年である1950年の元旦、李承晩は大統領の新年挨拶で、「われわれは自分の力で南北朝鮮を統一しなければならない」と語った。ここからも分かるように、彼が常に考えていたのは、北進による「祖国統一」であった。果たして現実的かどうかは別にして、それが李承晩政権の掲げたイデオロギーだったのである。

とはいえ「自分の力」で統一するというのは、所詮《しょせん》、彼一流の大ボラ吹きに過ぎなかった。実際に、この年の6月に北朝鮮が南侵してきた時、李承晩政権にはまともに抵抗する軍事力すらなく、たった3日間で首都は陥落。そこから彼は毎日のようにワシントンに電話をかけ、アメリカ政府に泣きついて、軍事援助を嘆願したが、結局、アメリカ軍と国連軍の力に全面的に頼って、李承晩はかろうじて生き延び、ソウルに帰ることが出来た。

しかし、アメリカ軍・国連軍の力を頼みの綱として、北朝鮮の猛攻撃から逃げ回っている最中も、李承晩は「北進統一」の執念をまったく捨ててはいなかった。金学俊著・前掲書によると、上陸したアメリカ軍が、釜山を拠点に北朝鮮軍の猛攻撃に耐えていた7月19日、李承晩はトルーマン大統領に親書を送り、「国連軍の作戦目的が戦前原状の回復、すなわち38度線での進撃停止で終わってはならず、北進統一を完遂せねばならない」と主張したという。

この親書の内容ひとつとっても、李承晩こそ38度線突破北進作戦の提唱者、推進者であると断定するのに十分であろうが、筆者の私が大いに驚いたのは、釜山に追い詰められ、袋のネズミだったこの時点で、李承晩がアメリカの大統領に「国連軍の進撃は38度線で停止すべきでない」と、堂々と主張したという、並々ならぬ神経の図太さである。

考えてみれば、その時、北朝鮮軍の猛攻撃の前に、李承晩の大韓民国の命運はすでに風前の灯火であり、外国軍である国連軍が決死の戦いを繰り広げてくれたおかげで、何とか生き延びている状態だった。米軍によって救われ、延命している国の大統領が、あろうことかアメリカ大統領に「お前たちは進撃を停止してはならない、俺たちのためにもっと戦え！」と指図してきたのである。

私は世界史にまつわる東西の文献を色々と読んできたつもりだが、これほど図々しく、厚かましい一国の指導者を見たことがない。まさに朝鮮民族と大韓民国の指導者ならではの「偉大なる」大統領である。

その後、国連軍の仁川上陸作戦の成功によって、南侵した北朝鮮軍が総崩れとなり、ソウルが奪還されたことは前述したが、この時こそ「北進統一」の好機到来とみた李承晩は、かねてから主張していた「38度線突破作戦」を画策し、実行に移したのである。

この一部始終を、二人の韓国人学者の著作の記述にそって見ていくこととする。一人は仁川大学総長・韓国政治学会会長を歴任した前出の金学俊氏であり、もう一人は、韓国の代表的な政治学者で世宗研究所研究員・韓国海洋戦略研究所研究室長・韓国経済研究院専任研究員などを歴任した李春根《イチュングン》氏である。お二人の立場からして、韓国初代大統領の李承晩を「中傷」するようなことを書くはずがないから、彼らの記述は信用に値するであろう。

前述のように1950年10月1日、韓国軍が率先して38度線を越えたことが、国連軍もなし崩し的に後に続く動きの始まりであったが、これに関して、金学俊著・前掲書は、次のように述べている。

「こうした中で10月1日、まず韓国軍がついに38度線を越えて北方に進撃した。振り返ってみると、これは韓国軍としては非常に困難な決定であった。当時、韓国陸軍の参謀総長だった丁一権《チョンイルグオン》将軍によると、彼はアメリカ政府と韓国政府から相異なる指示を受けていた。『アメリカ政府が命令する時まで、1名の兵士であっても38度線を越えてはならない』というのが、マッカーサー司令部の指示であった。その反面で、『マッカーサー司令官に委任した作戦指揮権はいつでも撤回できるのだから、彼の命令に従うことなく、北進して祖国の統一を実現せよ』というのが李承晩大統領の厳命であった。丁将軍は両者の間で苦悩した」

右記の丁一権将軍の「板挟み」証言から分かるように、国連軍最高司令官のマッカーサーが「38度線を越えてならない」と明確な命令を出していたのに反して、韓国大統領の李承晩は、はっきりと「38度線を越えろ」と韓国軍に「厳命」していたわけである。

この話の中に出てきた「作戦指揮権の委任」とは、つまりこういうことだ。国連安保理の決議に基づき、国連軍が朝鮮に上陸して作戦を開始するとすぐに、李承晩大統領は、韓国軍の作戦指揮権を、国連軍最高司令官のマッカーサーに委任した。これに伴い、李承晩大統領はそれ以降、韓国軍に指示を出す権限を持たなかったのである。

にもかかわらず、李承晩は最高司令官のマッカーサーの頭越しに、「作戦指揮権を委任した」自らの約束を破り、命令系統に違反してまで、韓国軍に「38度線を越えろ」と厳命したのだ。この軍事作戦の画策者と主導者が李承晩であることは、一目瞭然であろう。

この経緯に関して、李春根氏は自著の『米国に堂々と対した大韓民国の大統領たち』（統一日報社）でさらに詳しく記述している。やや長い引用となるが、大変重要な内容なので、是非とも最後までお読み頂きたい。

「韓国軍は9月28日、ソウルを奪還し北進攻撃を開始した。韓国軍は間もなく38度線に到達し、韓国戦争は再び岐路に立った。38度線を回復するのが国連が公式に宣言した戦争目標になるのか、38度線以北へ戦争を拡大すべきかは、すでに純粋な軍事的考慮を超える問題になっていた。この瞬間、李承晩が発揮した機知は単純に戦時外交の性格を超え、戦争指導、軍事指導者としての李承晩の力量を物語る契機となる。（中略）

李承晩は9月29日、ソウル奪還を記念するため中央庁で行われたソウル還都式の後、マッカーサーに『遅滞なく北進しなければならない』と述べた。マッカーサーは、『国連は38度線突破の権限を付与していない』と反対の意思を表明。すると李承晩は『国連がこの問題を決定するまで将軍は麾下《きか》の部隊と待つことができますが、国軍（筆者注・韓国軍のこと）が北進するのを止められる人は誰もいないではありませんか。ここは彼らの国であり、私が命令を下さなくてもわが軍は北進します』と述べた。

李承晩は、このような明快な論理とぎりぎりの戦術で、マッカーサーに迫り、説得もした。李承晩は9月29日午後、陸軍本部に寄って丁一権以下の参謀将軍に38度線が存在するのかを尋ねた。全員が38度線の存在を認めないと答え、大統領は大喜びで丁一権に北進命令を下した。

翌9月30日、釜山の大統領官邸に将軍たちを呼んだ李承晩は『昨夜、38度線に達した部隊はどの部隊か』と質問し、その部隊を表彰せよと命じた。そして突然、李承晩は『ところで、丁総長、丁総長はどちらなのか、米軍の方なのか』と質問した。李承晩は『38度線に到達したわが軍にどうして北進せよ、と命令しないのか。38度線のためかそれとも他の理由のためか？』この質問に丁一権は『38度線のためです』と答えた。李承晩は激怒して、『38度線がどうしたというのか？ そこに鉄条網でも張ってあるのか？』と将軍たちを叱責した。丁一権はその時ほど、李承晩が怒ったのを見たことはなかったと回顧している。

軍需局の楊国鎮《ヤングクチン》大佐が『閣下、もう少し慎重に検討してから決定すべき問題だと思います』と提言すると、李承晩は表情をこわばらせた。大統領は最後に丁一権の見解を尋ねた。丁一権は『われわれは大韓民国の国軍です。国連軍との指揮権の問題がありますが、閣下の命令に従う使命と覚悟を持っています』と答えた。（中略）

韓国軍が先に38度線を突破した。50年10月1日午前11時25分、丁一権参謀総長は金白一将軍に38度線突破命令を下した。金白一軍団長は23連隊長の金宗瞬大佐に命令を下した。『23連隊長、第3師団に代わって貴連隊に北進命令を下す。38度線を突破せよ。38度線はこの瞬間からなくなる』韓国軍第3師団23連隊は、このようにして最初に38度線を突破した部隊となった」

以上、李春根著・前掲書からの長い引用となったが、9月29日と30日の2日間にわたって、李承晩は大統領の権威を笠に着て、恫喝に近いやり方で韓国軍の参謀総長と中枢部に圧力をかけ、無理やり「38度線突破」を実現した経緯が、手に取るように分かるであろう。李承晩こそ、韓国軍を強引に動かして、38度線突破という朝鮮戦争最大の転換点を作った張本人であることは明らかである。

しかし、韓国軍による38度線先行突破の意味は、あまりにも重大であった。国連軍の一部である韓国軍が38度線を越えて北進した結果、アメリカ軍も結局、それにつられて動く形で、10月7～9日に38度線を突破し、北進を開始する羽目になった。もちろんそれこそが、李承晩の狙いだったはずである。韓国軍だけの力では、北朝鮮軍を壊滅させて「北進統一」を実現するのは到底無理であると、彼自身もよく分かっていた。韓国軍による38度線の先行突破によって、米軍を中心とした国連軍を「北進」に誘い出すことこそ、彼の狙いであり、それが見事に達成されたのである。

しかしその結果、本来ならソウル奪還で終了するはずの朝鮮戦争は、一気に拡大することになってしまった。前述したように、まさに国連軍の38度線突破が直接の原因となって、傍観していた中国の参戦を招いた。これにより朝鮮戦争は、おびただしい人命が奪われる長期戦の泥沼に陥っていったのである。

国連軍の38度線突破を主導した時点で、李承晩がどの程度、中国軍の参戦を予測していたかは知る由もない。しかし結果的に、この政治家が自らの執念に基づき、韓国軍と国連軍の38度線突破を主導したことが、中国軍の参戦を誘発し、戦争の拡大と長期化をもたらす歴史的契機となったことは厳然たる事実なのである。

そういう意味では、朝鮮戦争を引き起こした金日成と並んで、戦争の長期化と拡大のきっかけを作った李承晩の罪も重いと、断じざるを得ない。1950年6月25日の開戦から、同年9月28日のソウル奪還までの3カ月間の南侵戦争の結果に対して、責任を負うべき戦犯が金日成であるとするなら、50年10月1日の韓国軍による38度線突破から、53年7月の休戦までの2年9カ月間の「拡大版」朝鮮戦争に対して、最大の責任を負うべき「A級戦犯」は、間違いなく、大韓民国初代大統領の李承晩その人である。

そして、朝鮮戦争の600万人近くの犠牲者の大半は、まさにこの10月1日からの「拡大版」朝鮮戦争における犠牲者であり、たとえば数十万人とも言われる中国軍の戦死者は全員、ここで命を落としたのである。4万人近くのアメリカ軍の戦死者の大半も、北朝鮮軍との3カ月の短期間の戦闘よりも、手強い中国軍との長期戦において、命を落としてしまったはずだ。

米中両国の、おびただしい若者たちの命は、結局、李承晩という韓国大統領の「北進統一」の妄想と執念のために失われてしまったといっても、過言ではない。指導者として間接的な形ではあるが、何十万人もの外国の若者たちの命を奪い、流血を強いた陰の「殺人者」は、李承晩をおいて他にはいない。彼こそ、戦後の東アジアにおける最大の戦争犯罪者だったのである。

本書をここまでお読み下さった読者の皆様には、よくお分かり頂けたと思う。外国の力を利用して、国内の政治闘争や武力闘争に勝とうとするのは、朝鮮民族の不変の行動パターンであるが、大韓民国初代大統領の李承晩は、もっとも図々しく、無法なやり方で、この「民族の伝統芸」を発揮した人物であろう。その結果が、極端なまでの犠牲の多さにつながったのだ。

今日の韓国政府は、何かあるたびに日本の「戦争責任」を追及してくるが、「貴国の初代大統領こそ、朝鮮半島をめぐる東アジアの歴史上、もっとも数多くの犠牲者を出した、悪辣な戦争犯罪者の一人であることを、貴方たちがまず恥じるべきではないのか」と、言いたいところである。

朝鮮戦争の戦犯は李承晩だけではなく、同じ民族の金日成も同様である。戦後、日本が撤退した朝鮮半島で、この二人が自分を「王様」とする単独政権の樹立を急ぎ、武力で相手を打倒することによる「祖国統一」を目指したのが、朝鮮戦争のそもそもの原因である。

しかも、さらに奇妙なのは、自国による半島「統一」を目指していながら、この二人とも、自分たちの力でそれを成し遂げようとは最初から考えていなかった点である。金日成は「統一戦争」を開始するにあたり、まずソ連と中国からの軍事援助をいかに引き出すかに腐心した。さらに国連軍の反転攻勢で戦況が不利になると、繰り返し中国に出兵を懇願し、参戦を促した。

他方、南侵した北朝鮮軍に攻め込まれ、釜山に追い詰められた李承晩は、繰り返しアメリカに出兵を懇願し、救ってもらった。そればかりか、38度線の突破という重大な決断を独断専行で行い、「北進統一」を一気に進めようとした時も、李承晩が頼りにしていたのは、結局、米軍を中心とした国連軍の力であった。

この二人は、朝鮮民族の政治指導者らしく、「外国頼み」の伝統芸を遺憾《いかん》なく発揮して、米中両大国を半島の内戦に巻き込み、おびただしい人命を、自分たちの火遊び、無駄な戦争遊戯の生け贄《にえ》にしてしまったのである。

その意味では、金日成と李承晩という朝鮮民族の歴史を代表する二人の政治指導者を生み、その後現在にいたるまで、60年以上も分断状態のまま、負の遺産を受け継いできた北朝鮮と韓国という国は、間違いなく、東アジア現代史上、もっとも大きな加害責任を負うべき国だといえるのである。

【著者略歴】

石 平（せき　へい）

1962 年、四川省生まれ。北京大学哲学部を卒業後、四川大学哲学部講師を経て、88 年に来日。95 年、神戸大学大学院文化学研究科博士課程修了。2002 年『なぜ中国人は日本人を憎むのか』（PHP 研究所）刊行以来、日中・中国問題を中心とした評論活動に入る。07 年に日本国籍を取得。08 年拓殖大学客員教授に就任。14 年『なぜ中国から離れると日本はうまくいくのか』（PHP 新書）で第 23 回山本七平賞を受賞。
主な著書に『私はなぜ「中国」を捨てたのか』（ワック）、『韓民族こそ歴史の加害者である』（飛鳥新社）、『なぜ日本だけが中国の呪縛から逃れられたのか「脱中華」の日本思想史』(PHP 新書)、『なぜ中国は民主化したくてもできないのか　「皇帝政治」の本質を知れば現代中国の核心がわかる』（KADOKAWA）など多数。

結論！　朝鮮半島に関わってはいけない
東アジアと世界のトラブルメーカー

2018年5月16日　第1刷発行

著　者　石 平

発行者　土井尚道
発行所　株式会社　飛鳥新社
〒101-0003 東京都千代田区一ツ橋2-4-3　光文恒産ビル
電話（営業）03-3263-7770（編集）03-3263-7773
http://www.asukashinsha.co.jp

装　幀　神長文夫＋松岡昌代

印刷・製本　中央精版印刷株式会社

© 2018 Seki Hei Printed in Japan
ISBN 978-4-86410-607-8

落丁・乱丁の場合は送料当方負担でお取替えいたします。
小社営業部宛にお送りください。
本書の無断複写、複製（コピー）は著作権法上の例外を除き禁じられています。

編集担当　工藤博海

飛鳥新社の好評既刊
月刊Hanada双書シリーズ

『孔子を捨てた国　現代中国残酷物語』
福島香織
四六判変型・並製・288頁／1204円（税別）
ISBN 978-4-86410-540-8

『崩韓論』
室谷克実
四六判変型・並製・232頁／1111円（税別）
ISBN 978-4-86410-546-0

『蓮舫「二重国籍」のデタラメ』
八幡和郎
四六判変型・並製・240頁／1111円（税別）
ISBN 978-4-86410-534-7

『慟哭の通州　昭和十二年夏の虐殺事件』
加藤康男
四六判・上製・336頁／1667円（税別）
ISBN 978-4-86410-514-9

『そして誰もマスコミを信じなくなった』
潮匡人
四六判変型・並製・224頁／1111円（税別）
ISBN 978-4-86410-511-8

『日本の生きる道
米中日の歴史を三点測量で考える』
平川祐弘
四六判・上製・352頁／1500円（税別）
ISBN 978-4-86410-498-2

飛鳥新社の好評既刊
月刊Hanada双書シリーズ

『日本よ、もう謝るな！
歴史問題は事実に踏み込まずに解決しない』
山岡鉄秀
四六判・並製・240頁／1296円（税別）
ISBN 978-4-86410-566-8

『戦争がイヤなら、憲法を変えなさい
米中対決と日本』
古森義久
四六判・並製・232頁／1296円（税別）
ISBN 978-4-86410-565-1

『今こそ、韓国に謝ろう』
百田尚樹
四六判・並製・260頁／1296円（税別）
ISBN 978-4-86410-556-9

『習近平vs.トランプ　世界を制するのは誰か』
遠藤誉
四六判・並製・266頁／1296円（税別）
ISBN978-4-86410-560-6

『日本再生は、生産性向上しかない！』
デービッド・アトキンソン
四六判・並製・224頁／1296円（税別）
ISBN 978-4-86410-548-4

飛鳥新社の好評既刊
月刊Hanada双書シリーズ

『渡部昇一の世界史最終講義』
渡部昇一　髙山正之
四六判・並製・240頁／1296円（税別）
ISBN 978-4-86410-610-8

『なぜ日本人は韓国に嫌悪感を覚えるのか』
室谷克実
四六判・並製・288頁／1296円（税別）
ISBN 978-4-86410-598-9

『成年後見制度の闇』
長谷川学　宮内康二
四六判・並製・224頁／1296円（税別）
ISBN 978-4-86410-593-4

『徹底検証　森友・加計事件
朝日新聞による戦後最大級の報道犯罪』
小川榮太郎
四六判・並製・280頁／1389円（税別）
ISBN 978-4-86410-574-3

『外連《けれん》の島・沖縄　基地と補助金のタブー』
篠原章
四六判・並製・264頁／1296円（税別）
ISBN 978-4-86410-557-6